suhrkamp taschenbuch 170

Gerd Hortleder, am 5. November 1939 in Hoya an der Weser geboren, studierte Soziologie, Geschichte und Philosophie in Münster, Wien, Freiburg und Berlin. Er ist heute wissenschaftlicher Assistent am Institut für Soziologie der Technischen Universität in Berlin. Werke: *Das Gesellschaftsbild des Ingenieurs. Zum politischen Verhalten der Technischen Intelligenz in Deutschland, 1970; Ingenieure in der Industriegesellschaft, 1973.*
Die Faszination des Fußballspiels durch 800 Millionen Fernsehzuschauer, das Verhalten der Massen in den Stadien, die berufliche Situation der Spieler und Trainer, die Rolle der Funktionäre und Schiedsrichter sowie die Funktion des Fernsehens und seiner Moderatoren für den Fußballsport werden in dieser Studie untersucht. Interpretiert wird Europas und Südamerikas populärste Sportart als eine Mischung aus Beruf und zeitlich begrenztem Job, aus Showgeschäft und Mythos, als ein Ritual legitimierter Raserei. Eine Analyse des Bundesliga-Skandals dokumentiert die zunehmende Kommerzialisierung des Fußballsports.
Durch diese Studie lernen Gegner und Fans die vielfältigen Aspekte des Spiels und seiner Realität kennen und die millionenfache Faszination zumindest verstehen, die von ihm ausgeht. Sie kann als kritischer Wegweiser für die Fußball-Weltmeisterschaft dienen.

Gerd Hortleder
Die Faszination des
Fußballspiels

Soziologische Anmerkungen zum Sport
als Freizeit und Beruf

Suhrkamp

Elias Canetti gewidmet

suhrkamp taschenbuch 170
Erste Auflage 1974
© Suhrkamp Verlag Frankfurt am Main 1974
Suhrkamp Taschenbuch Verlag
Alle Rechte vorbehalten, insbesondere das
des öffentlichen Vortrags, der Übertragung
durch Rundfunk oder Fernsehen und der
Übersetzung auch einzelner Teile durch
Suhrkamp Verlag, Frankfurt am Main.
Suhrkamp Taschenbuch Verlag. Satz: Libri-
presse J. Witt KG, Kriftel. Druck: Ebner,
Ulm. Printed in Germany. Umschlag nach
Entwürfen von Willy Fleckhaus und Rolf
Staudt

Inhalt

Vorwort 7

I. Fußballsport als Beruf: Die Spieler 9
  1. Wandlungen in der Gesellschaft
     und im Spielsystem 9
  2. Der Bundesliga-Skandal 35

II. Fußballsport als Freizeit: Die Zuschauer 55
  1. Das Ritual im Stadion: Der Held und das Opfer 55
  2. Die Show im Fernsehen 77

III. Fußballsport als Wissenschaft: Die Kritiker 105
  1. Die Verachtung der Massen durch die Elite 109
  2. Exkurs: Peter Handke und Ror Wolf 123
  3. Versuch, die Faszination des
     Fußballspiels zu verstehen 132

Anhang
I. Literaturverzeichnis 145
II. Grundbegriffe des Fußballspiels 152
III. Zeittafel zur Geschichte des Fußballspiels 157
IV. Stichwortregister 160

Vorwort

Die ökonomischen, soziologischen und taktischen Dimensionen des Fußballsports werden im »normalen« Text dieser Studie im Zusammenhang analysiert. Typografisch hiervon abgesetzt sind Zwischenbemerkungen, die dem Fußball als Spiel, das es unter anderem *auch* ist, gerecht werden sollen. Ob ihr Informationsgehalt geringer ist als der der systematischen Analyse, kann nur der Leser selbst entscheiden. Einige zentrale Probleme werden nur am Rande behandelt: die politischen und teilweise auch die psychologischen Funktionen des Sports. Der Zusammenhang von Politik und Sport ist so offensichtlich, daß eine Analyse hier nur längst Bekanntes wiederholen könnte.[1] In einem einzigen Fall war ein Fußballspiel der Anlaß, nicht die Ursache einer Auseinandersetzung zwischen zwei mittelamerikanischen Staaten. Ungeachtet dessen laufen Vergleiche zwischen Spielen und Kriegen darauf hinaus, die Grausamkeit moderner Kriege zu ästhetisieren. Die Begeisterung, selbst die Auswüchse in den Stadien mit ihnen zu vergleichen, ist letztlich unpolitisch. Auch die Übernahme einiger militärischer Termini halte ich für harmlos. Sollte man sie etwa der Soziologie entnehmen: »Die intrinsisch motivierte Interaktion zwischen Beckenbauer und Müller verifizierte jene funktional-strukturelle Hypothese, der zufolge sich die Evidenz der Realität als Reduktion von Komplexität interpretieren läßt.«[2]

Zu den Themenbereichen Aggression und Kompensation liegen empirisch nur unzureichend abgesicherte Analysen vor. Zur Erklärung des Sports können sie darüber hinaus lediglich im Sinne eines funktionalen Äquivalents beitragen. Das heißt konkret, Aggression im Fußball ist keineswegs

---

1 Vgl. u. a. Hans-Joachim Winkler: *Sport und politische Bildung,* Opladen 1972.
2 In deutscher Übersetzung: »Nach einer Vorlage von Beckenbauer schoß Müller das entscheidende Tor.«

charakteristisch für den Sport, sondern vielmehr ein gesamt-
gesellschaftliches Problem, das im täglichen Straßenverkehr
von sehr viel einschneidenderer, weil tödlicher Bedrohung
ist. In dieser Studie hingegen soll vor allem das Einmalige
des Spiels analysiert werden: die Probleme eines neuen Berufs der Freizeitindustrie, der Trend zum Fernsehfußball
und nicht zuletzt die Faszination des Fußballsports durch
Millionen Zuschauer. Sie stellt den Versuch dar, Thesen und
Fakten darzulegen, ohne deren Kenntnis eines der interessantesten Phänomene der Gegenwart kaum zu verstehen ist.
Noch immer gilt der Satz Frederik Buytendijks: »Das eine
jedoch ist sicher: Wer das ›Besondere‹ des Stierkampfes, des
Fußballspiels, von Rugby, Kricket, Rudern ... nicht *kennt,*
kann überhaupt nichts Aufregendes daran finden.«[3]
Angesichts der spärlichen Vorarbeiten zum Thema und der
im Text diskutierten methodischen Probleme ist die Aus-
sagekraft dieses Buches begrenzt. Es handelt sich ausdrücklich um einen Diskussionsbeitrag und nicht um eine in allen
Punkten abgesicherte empirische Studie.

3 Frederik J. J. Buytendijk: *Das Fußballspiel,* in: Plessner, Bock,
Grupe (Hrsg.): *Sport und Leibeserziehung,* München 1967, S. 100.

I. Fußballsport als Beruf: Die Spieler

»Fußball ist ein Geschäft.
Und Geschäft ist Geschäft.«
Uli Hoeness, F. C. Bayern München

»Der Fußball hat eine Seele.«
Peter Handke, SV Suhrkamp

1. Wandlungen in der Gesellschaft und im Spielsystem

a. Der Trend zur Professionalisierung

Fast hunderttausend Mannschaften, also über eine Million Menschen, in der Bundesrepublik spielen Fußball in einem Verein. Hinzu kommen die zahlreichen nicht organisierten, vor allem jugendlichen Spieler auf Straßen und Wiesen, in Parkanlagen (»Ballspielen verboten!«) und am Strand. Unter den drei Millionen Mitgliedern des Deutschen Fußball-Bundes sind jene rund 350 Bundesligaspieler aus nur 18 Vereinen, die Fußball zu ihrem ausschließlichen Beruf gewählt haben. Die Faszination des Fußballspiels auf die Massen geht von diesen 18 Vereinen aus und von den Erfolgen der Nationalmannschaft. Sie wird, von wenigen Ausnahmen abgesehen, aus Spielern dieser Vereine gebildet, den Stars.
Der Weg zur Verberuflichung und Professionalisierung des Fußballsports begann in der Bundesrepublik erst nach dem Krieg und ist auf verschiedene Ursachen zurückzuführen. Begründet ist diese Tatsache zunächst in der Professionalisierung des Fußballspiels selbst. Kondition, Taktik und Spielkultur wurden immer mehr verfeinert und perfektioniert. Aus der Perspektive eines Spielers sieht der Unterschied so aus: »Das gesamte Spiel ist intensiviert worden. Wenn man vor zehn Jahren einen Ball zugespielt bekommen sollte, hatte man gewöhnlich rund vier Sekunden Zeit,

die Position einzunehmen, um ihn zu erhalten, ihn zu stoppen, zu überlegen, was aus der Situation zu machen sei, und dann zu handeln. Heute hat man vielleicht die Hälfte dieser Zeit und für die Spieler ist das Spiel weniger angenehm und weniger natürlich geworden.«[1]

Das Wissen über das Fußballspiel wurde systematisiert, die Ergebnisse der Forschung — insbesondere der Sportmedizin — wurden einbezogen. Damit sind die wichtigsten Voraussetzungen zur Professionalisierung einer Beschäftigung gegeben. Da sich die Professionalisierung in einigen anderen Ländern früher vollzog als in der Bundesrepublik, wurde der Deutsche Fußball-Bund durch andere Vorbilder gezwungen, den Weg zum Profifußball zu gehen. Hierauf zu verzichten, hätte dreierlei bedeutet: die Leistungen der Nationalmannschaft hätten stagniert, und die bundesrepublikanischen Vereine hätten an den Spielen um den Europapokal nur noch als Statisten teilnehmen können; der »Ausverkauf« deutscher Spitzenspieler ins Ausland wäre zur Regel geworden.

Es besteht ein Zusammenhang zwischen dem Aufstieg des Fernsehens und der veränderten Rolle des Stars im westdeutschen Showgeschäft. Noch in den fünfziger Jahren spielten Filmstars in der Bundesrepublik eine dominierende Rolle. Sie prägten die Atmosphäre von Festspielen und waren, wo immer sie auftraten, des Beifalls der Massen sicher.

Inzwischen hat sich die Situation der Filmschauspieler grundlegend gewandelt. Im Fernsehen, das gierig und unerbittlich im Verschleiß von Persönlichkeiten ist, konnten sie ihre Rolle als Star nicht fortsetzen. Es ist sicher kein Zufall, daß die einzigen deutschen Stars, die heute in ihrem Metier zur Weltspitze zählen, ihren Aufstieg dem Ausland,

---

1 Dieses Zitat von Altafini stammt wie einige andere in dieser Studie aus einer Titelgeschichte über den Fußballsport in der nordamerikanischen Zeitschrift *TIME* vom 4. 6. 1973: *The European Cup: Football Fever.*

und hier vor allem Frankreich, verdanken: Curd Jürgens, Gert Fröbe und Romy Schneider. Inzwischen für westdeutsche Produzenten zu teuer und auch zu wählerisch geworden, gibt es kaum einen Weg zurück. Während in Frankreich der Kult um Filmschauspieler unvermindert anhält, haben in der Bundesrepublik die Stars des Sports deren Rolle eingenommen. Begünstigt durch Olympische Spiele im eigenen Lande, konnten vorübergehend auch Sportler aus anderen Bereichen hier Platz nehmen. Der Alltag jedoch, das heißt jeder Samstagnachmittag und mancher Mittwochabend, gehört den neuen Stars des Showgeschäfts, den Fußballspielern. Die neuen Idole sind weniger anfällig als die alten, weil sie sowohl als Individualisten als auch als Mannschaften auftreten. Beckenbauer ist zweifellos ein Star, doch Bayern München erfüllt eine vergleichbare Funktion. Darüber hinaus kommt es jetzt zum direkten Wettkampf der Stars. Auch die Idole der Vergangenheit konkurrierten gegeneinander, doch indirekt. Heute kommt es zum direkten Duell sowohl der kollektiven Stars (Bayern München gegen Schalke 04) als auch der großen Solisten (Netzer gegen Overath). Und wie zuvor im schlechten alten deutschen Film werden auch die neuen Stars staatlich subventioniert.

Die soziale Lage, das Verhalten und die Funktion der Stars haben sich in den letzten 25 Jahren so sehr gewandelt, daß sich leicht eine Typologie der Stars und damit indirekt auch des Spielsystems und der Autoritätsstruktur aufstellen läßt.

Das Spielsystem hat sich synchron mit dem forcierten wissenschaftlichen Fortschritt entwickelt. Die technisch-ökonomische Entwicklung wurde auf dem Spielfeld reproduziert und in Grenzen auch die politische. Mit dem Sieg in Bern 1954 fand jene stürmische Wirtschaftsentwicklung ein Pendant auf einem für erfolgreiche Öffentlichkeitsarbeit äußerst wichtigen Sektor, dem Sport: auferstanden durch drei Tore. Ohne die These hier überstrapazieren zu wollen, können das Wirtschaftswunder, die Wiederbewaffnung und der Gewinn der Weltmeisterschaft 1954 in einem Zusammenhang gesehen werden. Es handelt sich weder um eine Kausalkette noch gar um eine Gesetzlichkeit, sondern um den Versuch, Realität und Atmosphäre der fünfziger Jahre anschaulich wiederzugeben. Zwei durch die Folgen eines selbst entfesselten Krieges geteilte Staaten und eine ihrer Wertvorstellungen beraubte Aufbaugesellschaft waren auf der Suche nach Identifikation. Das »Geistesleben«, die Welt der Ideen — hierzulande bislang trefflich für diese Funktion geeignet — hatten sich durch den Nationalsozialismus selbst kompromittiert. Diese Flucht in die Werte einer »unpolitischen«, materiellen Welt hat mit zur Aufwertung des Sports, und das heißt in der Bundesrepublik vor allem des Fußballspiels, beigetragen.

Das erste Länderspiel in der Nachkriegszeit, 1950 gegen die Schweiz, war so betrachtet ein nationales Ereignis, die Vorwegnahme des UNO-Beitritts 1973 im Sport. Der Sieg in der Weltmeisterschaft 1954 schließlich festigte in der Bundesrepublik die Solidarität der im Aufbau befindlichen Gesellschaft. Sie wurde zu *einem* integrierenden Faktor inmitten einer Welt fragwürdiger Werte. Die Geschichte der Bundesrepublik Deutschland in ihrem ersten Jahrzehnt ist undenkbar ohne Konrad Adenauer, aber auch nur unvollständig zu rekonstruieren, ohne an Sepp Herberger, Fritz Walter und später Uwe Seeler zu erinnern. Sie hatten für die Mehrheit der Bevölkerung eine viel entscheidendere Funktion als beispielsweise die Literaten jener Jahre.

Auch die verstärkte Ausweitung der Arbeitsteilung in der industriellen Produktion fand ihren Niederschlag im Spielsystem. Der Spezialisierung der Arbeit entsprach die Entwicklung zum bloßen Zweck-Team, die Dissoziierung der Mannschaft in ein Team von Spezialisten. Heute sind die Grenzen der Arbeitsteilung und speziell der Fließbandproduktion längst erkannt worden. Während hierzulande noch immer das Volvo-Werk in Schweden als *Ausnahme* zitiert wird, haben bereits Metallarbeiter in Süddeutschland für längere Pausen während der Arbeitszeit und nicht in erster Linie für mehr Lohn erfolgreich gestreikt.

Auch auf dem Fußballfeld sind die Grenzen der Spezialisierung inzwischen erkannt und in der Nationalmannschaft beispielsweise schon weitgehend überwunden. Spielerpersönlichkeiten von Rang sind heute äußerst vielseitig. Netzer als Regisseur, Stürmer und Libero, Beckenbauer als Libero, Mittelfeldspieler und gefürchteter Torschütze, Gerd Müller als Sturmspitze und glänzender Abwehrspieler, der während der Krise seiner Mannschaft im Herbst 1973 besser verteidigte als seine »spezialisierten« Kollegen. Vor allem aber sind die Stars von morgen, Paul Breitner, Jupp Kapellmann, Helmut Kremers und Bernd Cullmann, nahezu auf jedem Posten mit gleichem Erfolg einzusetzen. Kritiker der Gesellschaft und des Fußballsports leben hingegen nach wie vor von Beispielen aus der Vergangenheit. Während sie in der Tat in weiten Teilen der industriellen Arbeitswelt noch verändernswerte Realität ist, gilt dies für den Fußballsport keineswegs mehr so eindeutig. Es sei denn, man bemüht zum wiederholten Male die Zeiten eines Fritz Walter zur Erklärung gegenwärtiger Trends. Fritz Walter aber ist bereits Geschichte.

Zunächst galt als Idealtypus des Fußballspielers der *Herr,* der Kavalier, der faire Sportsmann. Diese Rolle verkörperte Fritz Walter bis zur Perfektion. Er war das Idol der vierziger und der beginnenden fünfziger Jahre. Das damalige WM-Spielsystem erleichterte die Ausübung dieser Rolle. Jeder Spieler stand auf »seinem« Platz, die Verteidiger und der Mittelläufer hinten, vor ihnen die Läufer, ganz vorn der Mittel- und die Flügelstürmer und dazwischen die Halbstürmer. Einer von ihnen war der Regisseur; er verteilte die Bälle gleichsam aus dem Stand.

Die Welt des Fußballs hatte noch ihre Ordnung — zumindest auf dem Spielfeld.

Fritz Walter konnte die Rolle des Herrn um so überzeugender spielen, als einige seiner Mitspieler den Part des Asozialen übernahmen. Helmut Rahn, der eigenwillige Rechtsaußen, dessen zwei Tore Deutschland 1954 in Bern die Weltmeisterschaft einbrachten (3:2 gegen Ungarn), wurde das prominenteste Opfer.

Dem Wechsel vom überwiegenden Amateurfußball zum Profitum erlagen die meisten. Für sie gab es keine Beispiele, keine Vorbilder. Sie betraten Neuland und gingen am Experiment zugrunde. Sie verdienten in kürzester Zeit relativ viel Geld, ohne zu wissen, wie man es anlegt. Als sie es gelernt hatten, war ihre Zeit abgelaufen. Die Rolle des Herrn wurde Fritz Walter erleichtert durch die patriarchalischen Allüren des damaligen Bundestrainers Sepp Herberger. Es gab noch keine Bundesliga. Der Weg zum Star führte in viel stärkerem Maße als heute über die Nationalmannschaft. Dort herrschte »Kameradschaft«. Wieviel sie wert war, hat man hernach gesehen. Es war wohl mehr Kumpanei unter autoritärer Führung.

Der Herr wurde abgelöst vom *Kämpfer,* vom cleveren Sportsmann. Sein Prototyp war Uwe Seeler. Er führte zahlreiche Mannschaften zum Sieg, obwohl er selten direkt mannschaftsdienlich spielte. Erst in seinem gelungenen Come-back bei der Weltmeisterschaft in Mexiko 1970 sah man einen neuen Uwe Seeler. Seeler ist ein Beispiel für die konsequente Übernahme des Leistungsprinzips im bundesrepublikanischen Fußballsport. Er verlangte sich selbst das Äußerste ab in *jedem* Spiel und erwartete dies auch von seinen Mitspielern. Gemessen an *heutigen* Standards fehlte Fritz Walter Kondition und Uwe Seeler taktisches Verständnis. Die Taktik einer Seeler-Mannschaft bestand aus der zum Mythos gewordenen Tatsache, daß in ihr mit Uwe Seeler ein Kämpfer stand, der niemals aufgab und zudem ein gefürchteter Torschütze war. Der Kampfgeist dominierte über die Taktik (und auch über die Technik), ja, er trat zuweilen an deren Stelle. Auch Uwe Seeler wurde die Rolle, die er zu spielen hatte, durch das »Versagen« von Außenseitern erleichtert. Gert Dörfel, der begabte Außenstürmer, den sie »Charly« nannten, wurde das bekannteste Opfer. Für Uwe Seeler spricht, daß er auch dann noch an Dörfel festhielt, als der Verein ihn schon fallengelassen hatte.

Der zeitgenössische Ruhm Uwe Seelers ist durch die jüngsten Erfolge anderer Spieler ein wenig verdeckt worden. In dem Jahrzehnt von 1956 bis 1966 war Uwe Seeler in Deutschland, also nicht nur in der Bundesrepublik, ein Synonym für Fußball schlechthin. Nur Konrad Adenauer dürfte populärer gewesen sein. Nahezu jeder Junge, der Fußball spielte, identifizierte sich mit »Uns Uwe«. Er wurde der Prototyp des artigen, fair kämpfenden Deutschen in der Nachkriegszeit. Sein Erfolg ist eine Analogie zum »Wirtschaftswunder« im Sport. Er »gehörte« seinen Fans, die es ihm zu danken wußten, daß er lukrative Angebote aus dem Ausland ausschlug. Es war jene Zeit, in der man nicht nur für Deutschland ritt, sondern auch Fußball spielte.

Mit ziemlicher Sicherheit wäre Seeler in Italien gescheitert. Dort war die Professionalisierung des Spiels schon fortgeschritten. Die Taktik nahm einen überragenden Platz ein. Gianni Rivera verkörperte Eleganz und Intelligenz. Er wurde für kurze Zeit auch in der Bundesrepublik zum Idol.

Bis zu dem Tag, an dem Franz Beckenbauer kam. Er importierte die Eleganz, bislang irrtümlich für ein fast rassisches Privileg der Romanen und ihrer südamerikanischen Verwandten sowie der Südosteuropäer gehalten, in die Bundesrepublik. Gemeinsam mit Günter Netzer, 1972 dem wahrscheinlich besten Fußballregisseur der Welt, befreite Beckenbauer den deutschen Fußballsport von dem Image, eine Fortsetzung des Kriegs mit anderen Mitteln zu sein, über Kampfkraft als entscheidendes Kriterium zu verfügen auf Kosten der Technik und der Intelligenz.

Netzers vermeintliches Mißgeschick, erst relativ spät in der Nationalmannschaft Fuß fassen zu können, wurde am Ende zu seinem entscheidenden Vorteil. Beckenbauer wurde noch vor der Jugendrebellion entdeckt, und folgerichtig blieb er ein Produkt seiner Klasse: das Genie des Kleinbürgertums, das aus der Bewunderung für Franz Josef Strauß keinen Hehl macht. Das Bürgertum hat ihn später akzeptiert, die Intellektuellen niemals. Ist Beckenbauer das Idol des Bürgertums, so Netzer das der Außenseiter. Ein Produkt der Jugendrebellion, der so ziemlich gegen alle Regeln verstoßen hat, gegen die ein Berufsfußballer hierzulande verstoßen kann: er ist nach wie vor Junggeselle, lebt jedoch mit einer Frau zusammen, er trug als einer der ersten die Haare sehr lang und pflegt bewußt den sensiblen Touch seiner Persönlichkeit; er streitet sich regelmäßig mit seinem Trainer und zuweilen öffentlich mit dem Bundestrainer. Er interessiert sich ernsthaft für Psychologie, unterhält sich aber darüber nur mit Leuten, »die etwas davon verstehen«. Ein in jeder Beziehung echter Profi. »Freundschaft«, so sagt er sinngemäß, »kann es im Fußballsport nicht geben. Denn was zählt, ist allein die Leistung.«

Günter Netzer spielt nicht Fußball, er zelebriert ihn. Er legt sich jeden Ball zu einem Freistoß so zurecht, als gingen von seinen Händen magische Kräfte aus. Die Gegner bilden dann eine Mauer. Aus der Perspektive des Torwarts muß der Ball an dieser Mauer abprallen oder aber neben das Tor gehen. Fein angeschnitten, fliegt der Ball jedoch über die Mauer und vermeintlich auch über das Tor. Einen Meter vor der Außenlinie jedoch senkt er sich plötzlich ins Tor, unerreichbar für den Torwart. Ecken, die fast von der Höhe der Torlinie hereingeschlagen werden, verwandelt Netzer direkt, gleichsam im Bogenschuß.

Die Intellektualisierung der Berufsspieler schreitet voran. Es ist kein Zufall, daß Paul Breitner — der einzige »Linke« im Team der Bayern — sehr schnell zu einem der führenden Fußballspieler Europas geworden ist. Er spielt nicht nur mit den Beinen. Zeitweilig standen im Team der Bayern sechs Abiturienten.

Entscheidend ist auch die Tatsache, daß Berufsspieler heute

ihren Beruf zu planen gelernt haben wie jeder andere junge Mensch auch. Es gibt inzwischen Maßstäbe und selbstverständlich auch eine Gewerkschaftsvertretung: die Fachgruppe Bundesliga in der Deutschen Angestellten-Gewerkschaft. Das Scheitern wird wie in anderen Berufen zur Ausnahme, die wiederum zur Einhaltung der Normen beiträgt. Früher waren eher die Ausnahmen die Regel. Nur einer war ein Herr. Heute sind es clevere junge Leute mit überdurchschnittlicher Gesundheit und Begabung. Der Beruf bringt ihnen, das wissen sie genau, bis zum dreißigsten Jahr viele Entbehrungen. Nimmt man sie auf sich und versteht es, sein Geld anzulegen, so kann man ab 30 sorgenfrei leben. Bei einer Lebenserwartung von rund 70 Jahren ist das immerhin eine Alternative.

Eine Profession auszuüben, bedeutet im Gegensatz zur herkömmlichen Berufsausübung ein hohes Maß an Autonomie. Der Fußballspieler kann nun diese professionelle Autonomie — etwa im Unterschied zum Wissenschaftler — nicht während seiner Arbeitszeit genießen. Sie ist im wesentlichen programmiert. Doch in der Möglichkeit zur *Lebensgestaltung* verfügt er über ein Maß an Autonomie wie nur wenige Angehörige anderer Berufe. Dies gilt insbesondere nach Abschluß einer erfolgreichen »Laufbahn«. Die Misere der meisten herkömmlichen Karrieren sieht indes so aus: solange man jung und voller unermeßlicher Wünsche ist, fehlt das Geld. Das wiederum erreicht man erst mit dem »Erfolg«. Dann aber fehlen einem die Zeit oder die Gesundheit oder beides. Diesen barbarischen Teufelskreis kann ein Fußballprofi durchbrechen. Nicht zuletzt darauf beruht die Faszination dieses in mancherlei Hinsicht jüngsten Berufs in unserer Gesellschaft.

Doch dies ist, wohlgemerkt, der jüngste Trend, zweifellos verstärkt durch die Lehren des Bundesliga-Skandals. Der Weg von der Beschäftigung zum Beruf mit einem fest umrissenen Berufsbild und von dort zu einer an den Ergebnissen moderner medizinischer und sozialpsychologischer

Forschung orientierten, gesellschaftlich stärker kontrollierten Profession ist nicht mehr aufzuhalten.

In hochindustrialisierten Gesellschaften ist der Beruf von zentraler Bedeutung für die soziale Stellung des Einzelnen. Gemeinsam mit dem Einkommen und dem Vermögen — zwei Variablen, die im Berufsfußball eng mit dem Beruf selbst zusammenhängen — sowie dem Bildungsgrad sind der Beruf und die konkrete Arbeitssituation die entscheidenden Kriterien für die Einordnung in das System der sozialen Schichtung einer Gesellschaft. Neben diesen objektiven Kriterien spielen hiervon abgeleitete, eher subjektive Faktoren wie das Prestige insbesondere im Hochleistungssport einer Erfolgsgesellschaft (Hans Lenk) eine dominierende Rolle. In westlichen Industriegesellschaften besteht heute ungeachtet zahlreicher Hindernisse — u. a. soziale Herkunft, Vermögen, Sprachverhalten — die begrenzte Chance einer *Berufswahl*. Sie führt zu einem höheren Maß an sozialer Mobilität (sozialem Aufstieg und Abstieg) als in vergangenen historischen Epochen, in denen der Beruf der Individuen nahezu ausschließlich durch ihre soziale Herkunft bestimmt wurde.

Beim Entstehungsprozeß eines neuen Berufs sind nun zwei Dimensionen zu unterscheiden: der Prozeß der *Berufskonstruktion* von dem der *Professionalisierung*. Im ersten Fall werden vorwiegend *berufsfremde* Interessen analysiert: die ökonomischen bestimmter Industriebranchen als Produzenten und vor allem als Werbeträger ihrer Produkte im Massenmedium Fernsehen; die Interessen der Verbände und der Vereine in ihrer Rolle als Wirtschaftsunternehmen; schließlich die der Tagespresse und des Fernsehens als Medien mit politischer Macht und kommerziellen Interessen. Diese Institutionen verbindet ein gemeinsames Ziel: die Konstruktion neuer Berufe in der Freizeitindustrie. Aus ihrer Sicht sind Spieler und Spiele lediglich Objekte, die es optimal zu verwerten gilt. Dieser Satz gilt auch gegenüber dem industriellen Unternehmen Presse. Wirtschaftsteil und

Feuilleton, tendenziell auch das politische Ressort werden in steigendem Maße zu einem Anhängsel der Sportberichterstattung. An ihrer ständig steigenden quantitativen Ausdehnung ist dieser Trend leicht abzulesen. Die BILD-Zeitung ist in diesem Fall das bezeichnendste Beispiel; doch räumen auch Tageszeitungen von internationalem Rang bereits heute dem Sport an bestimmten Tagen mehr Platz ein als einigen klassischen Ressorts. Der Sport wird zunehmend zu einem Wirtschaftszweig neben anderen. Zu den Interessengruppen im Fußballsport gehört auch der Staat selbst: er verdient am Toto und durch die Einziehung indirekter Steuern. Seine Politiker versuchen, von der Popularität einer Mannschaft für das eigene Image zu profitieren und nicht selten für das der gesamten Nation oder einer bestimmten Gesellschaftsordnung.

Obwohl also im Fußballsport ganz eindeutig berufsfremde Interessengruppen einen neuen Beruf fördern, ja ihn systematisch aufbauen, ist es zu einfach, die Spieler nur als Opfer von Manipulateuren zu sehen, denn es gibt ein Gegengewicht zum Prozeß der Berufskonstruktion. Die Spieler sind keineswegs nur Objekte innerhalb ihres Berufsfeldes, sondern zugleich Subjekte, deren berufliche Handlungen — in diesem Fall also ihr Spiel auf dem Rasen und die Bereitschaft, im Showgeschäft mitzuwirken — die Durchsetzung berufsfremder Interessen erst ermöglichen.

Hier liegt ihre Macht. Den Prozeß, diese Macht zu erkennen, sie zu verstärken, auszuüben und abzusichern, nennen Sozialwissenschaftler *Professionalisierung*. Die Professionalisierung im Fußballsport der Bundesrepublik ist durch folgende *Trends* gekennzeichnet:[2]

2 Zwei theoretischen Studien zum Professionalisierungsprozeß bin ich besonders verpflichtet. Hans Albrecht Hesse: *Berufe im Wandel*, Stuttgart 1972[2] und Heinz Hartmann: *Arbeit, Beruf, Profession*, in: Thomas Luckmann und Walter Michael Sprondel (Hrsg.): *Berufssoziologie*, Köln 1972. Im Interesse einer auch Nicht-Soziologen zugänglichen Darstellung wurde auf die Herausarbeitung einiger weiterer interessanter Aspekte verzichtet, insbesondere auf die von Hesse

1. Es handelt sich um einen systematisch geplanten Vorgang zur Steigerung der Qualifikation in einem Beruf unter Einbeziehung wissenschaftlicher Forschungsergebnisse, unter anderem der Sportmedizin, der Sozialpsychologie und der Trainingstechnik.

2. Dieser Prozeß führt zu einem hohen Maß an spezialisierter, teilweise monopolisierter Qualifikation, die nicht — wie beispielsweise beim angelernten Arbeiter — jederzeit austauschbar ist.

3. Das relative Monopol einer überschaubaren Zahl von Spitzenspielern wiederum führt innerhalb einer kapitalistischen Wirtschaftsgesellschaft mit dem, wenn auch nicht mehr vollständig verwirklichten Prinzip des »freien« Wettbewerbs zu einer überdurchschnittlichen Bezahlung qualifizierter Spezialisten in fast allen Berufsgruppen.

4. Um ihre berufliche Stellung zu verbessern und abzusichern, schließen sich die Profispieler in einer Gewerkschaft zusammen, der Fachgruppe Bundesliga in der Deutschen Angestellten-Gewerkschaft. Sie versuchen darüber hinaus, gemeinsam mit dieser Organisation, ihre noch unzureichende Stellung in einem Beruf auf Zeit versicherungs- und arbeitsrechtlich abzusichern, den Schritt zum — wenn auch privilegierten — Arbeitnehmer zu vollziehen. Ob die Deutsche Angestellten-Gewerkschaft für einen professionalisierten Beruf die optimale Organisationsform ist, sei dahingestellt. Sie betrachtet das Spiel mit Ablösesummen und Handgeldern im Berufssport als »Menschenhandel«. Für die Profis selbst, da bin ich ganz sicher, stellt sich das Problem natürlich anders.

5. Berufsspieler in der Bundesliga werden wegen ihrer geringen Zahl zu einer leicht zu organisierenden *Statusgruppe* von Spezialisten, die kurzfristig gar nicht und selbst mittel-

---

vorgeschlagene Unterscheidung zwischen Profession und Professionalisierung. In unserer Analyse ist zu beachten, daß sich erst abzeichnende *Trends* im Berufsfußball beschrieben werden, der sich zur Zeit in einer Übergangsphase befindet.

fristig nur schwer zu ersetzen sind. Ihre potentielle Macht ist damit durchaus der der Fluglotsen vergleichbar, die der DAG bereits genug Ärger bereitet haben. Vom Flugzeug kann man auf Bundesbahn und Autoverkehr umsteigen. Was aber geschieht, wenn Fußballspiele wegen eines Streiks über einen längeren Zeitraum ausfallen?

Gleichzeitig werden *erste* Anzeichen eines Trends deutlich, zumindest den Spitzenspielern einen den Beamten ähnlichen Status einzuräumen. So konnte Beckenbauer bei seinem Verein als 28jähriger einen Fünfjahresvertrag unterschreiben. Damit würden die Fußballspieler nur den Musikern im Showgeschäft folgen. Die negativen Folgen dieser frühzeitigen »Pensionsberechtigung« sollten — wie auch die entsprechenden Auswirkungen im Wissenschaftsbereich — als abschreckende Beispiele dienen.

6. Durch das offensichtliche Interesse einer breiten Öffentlichkeit erhält der Fußballsport eine *soziale Dimension* und erfüllt damit eine weitere Voraussetzung fortschreitender Professionalisierung. Diese Tatsache hat jedoch gleichzeitig eine zunehmende *ökonomische und soziale Kontrolle* dieses geschäftlichen Sportbetriebes zur Folge. Die Kehrseite sozialer Anerkennung ist der Zwang zur Einhaltung gesellschaftlich verbindlicher Normen. Schon deshalb kann beispielsweise Bestechung im Berufssport keine interne Angelegenheit autonomer Verbände bleiben.

b. Wandlungen im Spielsystem

Das erste Spielsystem im Fußball, das diesen Namen verdient, war das WM-System. In seiner idealtypischen Formation bilden die fünf Stürmer die Form eines W, die fünf Verteidiger und Läufer die eines M. Voraussetzung hierfür war die Änderung der bis 1925 gültigen Regel, nach der bereits jeder Spieler abseits stand, der nicht drei Gegenspieler vor sich hatte. Sie wurde bis dahin als eine Art Taktik angewandt als Schutz gegen einen sonst ungetrübten »Offensiv-Fußball«, bei dem alle Stürmer ohne genaue Rollenaufteilung vor dem Tor herumstanden und nicht zuletzt deshalb Tore immer seltener wurden.

Das WM-System, bis in die sechziger Jahre hinein praktiziert, schuf in zwei Punkten einen grundlegenden Wandel:

1. Es führte von der Raumdeckung zur sogenannten Manndeckung. Das bedeutete
2. die Einführung einer funktionalen Differenzierung, die jedem Spieler seine Aufgaben zuteilte und zu einer weitgehenden *Spezialisierung* der Fußballspieler führte.

Man wurde Rechtsaußen, weil man mit dem rechten Fuß gut schießen, darüber hinaus schnell laufen und gut flanken konnte. Die Aufgabe des spielgestaltenden Regisseurs übernahm in der Regel einer der Halbstürmer, während der unmittelbar vor dem Torwart stehende Mittelläufer in der Abwehr für Übersicht zu sorgen hatte und nicht mehr, wie bisher, vom Mittelkreis aus — sein Name erinnert noch an diese Intention — seine Stürmer mit Bällen zu versorgen hatte. Die Grenzen dieses Systems wurden daran deutlich, daß es am erfolgreichsten von Mannschaften praktiziert wurde, die es mit Variationen anzuwenden verstanden. Die Ungarn spielten mit zurückgezogenem Mittelstürmer, der zugleich Regie führte (Puskas und Hidegkuti), die Italiener wie noch heute vielfach mit zurückhängendem Außenstürmer. Dies System bevorzugt zuweilen auch die deutsche Mannschaft, nicht jedoch als Ergebnis einer raffinierten Taktik, sondern aus Mangel an echten Außenstürmern, vor allem auf dem rechten Flügel.

Die Kritiker des reinen WM-Systems verstummten noch einmal 1954, als die westdeutsche Mannschaft die technisch und vermeintlich auch taktisch reiferen Ungarn um den als sicher geltenden Sieg in der Weltmeisterschaft brachte.[3] Der

3 Daraufhin kam es in Budapest zu gewalttätigen Demonstrationen (»Nieder mit Sebes!«), die von Augenzeugen so interpretiert worden sind: »Es war ein Ausbruch, ein Ausdruck der Unzufriedenheit — eben eine Demonstration. Es war etwas Verbotenes, was gut schmeckte — etwas, was die Menschen plötzlich liebten und sie an eine ferne Zeit erinnerte, die sie während der letzten Jahre fast ver-

nächste Weltmeister spielte bereits nach einem anderen System: 1958 wurde Brasilien nicht zuletzt deshalb Weltmeister, weil es mit einer neuen Taktik die Gegner überraschte.[4] Es konnte den Erfolg vier Jahre später wiederholen, leicht modifiziert (4-3-3 statt 4-2-4). Das Charakteristische des neuen Systems ist keineswegs — wie die Bezeichnung vermuten läßt — eine mehrfache Blockbildung, sondern im Gegenteil die nahezu totale Variation nach System. Für die Spieler bedeutet die neue Taktik einen Prozeß der Entspezialisierung und damit der vollständigen Professionalisierung. *Der Allround-Spieler tritt anstelle des Spezialisten.* Zwar nominell noch Verteidiger genannt, muß ein Verteidiger heute nicht nur in der Lage sein, die Kreise seines Gegenspielers einzuengen und den Ball irgendwo nach vorn zu spielen. Von ihm wird vielmehr erwartet, im geeigneten Augenblick selbst nach vorn zu stürmen, aus der Position des Außenstürmers zu flanken oder auch direkt ein Tor zu schießen.

Facchetti von Inter Mailand ist ein Meister der ersten Variation, während die zweite heute am sichersten von Paul Breitner beherrscht wird. Umgekehrt wird jetzt von einem Stürmer verlangt, bei Bedarf mit zu verteidigen.

Ungeachtet dessen liegt die häufig spielentscheidende Rolle bei den zwei oder drei (4-2-4 oder 4-3-3 für Auswärtsspiele) Mittelfeldspielern. Sie verkörpern den Allround-Spieler in reinster Form. Sie sollen die Abwehr entlasten,

gessen hatten«, aus: Tamas Aczel/Tibor Meray *Die Revolte des Intellekts. Die geistigen Grundlagen der ungarischen Revolution,* München o. J. (zuerst New York 1959), S. 228. —
In einem 1956 fertiggestellten Film »Der Wunderstürmer« (A csodacsatar) spielte Ferenc Puskas, der als linker Halbstürmer in 1300 Spielen 1200 Tore erzielte, die Hauptrolle. Nachdem alle Szenen mit Hidegkuti — dem älteren, in Ungarn gebliebenen Star der sogenannten Wunderelf — noch einmal gedreht worden waren, wurde der Film etwa ein Jahr später freigegeben.
4 Lavall vertritt die Meinung, die Ungarn hätten das 4-2-4-System bereits 1952 eingeführt. Vgl. Kurt Lavall: *Fußball — das Spiel der Welt,* Bonn 1973, S. 83.

mit langen Soli oder steilen, präzisen Pässen das Mittelfeld rasch überwinden und darüber hinaus noch Tore schießen. Sie müssen von allen Spielern am meisten laufen, wenn sie nicht gerade so überragend spielen wie Günter Netzer, für den Wimmer diese Funktion mit übernimmt, damit der Meister sich um so intensiver auf seine kreative Arbeit als Regisseur konzentrieren kann. Rainer Zobel, Mittelfeld-spieler des FC Bayern München, erklärte 1973 als 24jähri-ger, zwei Jahre könne er diese kraftraubende Funktion noch ausüben. Dann möchte er einen Rollenwechsel nach Rechts-außen oder auf den Posten des Libero vornehmen.

Man hat den Wechsel zum 4-2-4-System mit Entwicklungs-tendenzen in der modernen Arbeitswelt verglichen. Haltbar an dieser These ist insbesondere der nicht zu leugnende Trend zur Perfektion in immer mehr Bereichen unseres Lebens, die starke Tendenz zur Verwissenschaftlichung auch des Banalen. Dann aber wird der Vergleich unscharf. Die Problematik der Berufsfelder und der Arbeitsplatzstruk-turen in einer technologischen Gesellschaft besteht gerade darin, daß sich die Anforderungen innerhalb eines 35- bis 50jährigen Berufslebens in Zukunft zum Teil wiederholt ändern werden. Das ist die Folge einer Weiterentwicklung der Produktionsmittel. Während einer rund zwölfjährigen Arbeit als Fußballspieler ändert sich hingegen in der Regel sehr wenig. Darüber hinaus erscheint es logisch, daß ein Allround-Spieler viel weniger vom Markt abhängig ist als der früher so gefragte Spezialist im Fußball. Der Wandel des Spielsystems hat eindeutig zu einer stärkeren Entfaltung der einzelnen Spieler beigetragen, um den arg strapazierten Begriff der Emanzipation in diesem Zusammenhang zu ver-meiden. Natürlich gibt es einen taktischen Plan des Trainers, aber innerhalb einer Saison wird dieser Plan dauernd revi-diert. Er ist abhängig vom jeweiligen Gegner, von den Möglichkeiten der Spieler und ihren Grenzen. Im übrigen werden die meisten Pläne während des Spiels durchkreuzt, werden Spiele entschieden von der nicht programmierbaren

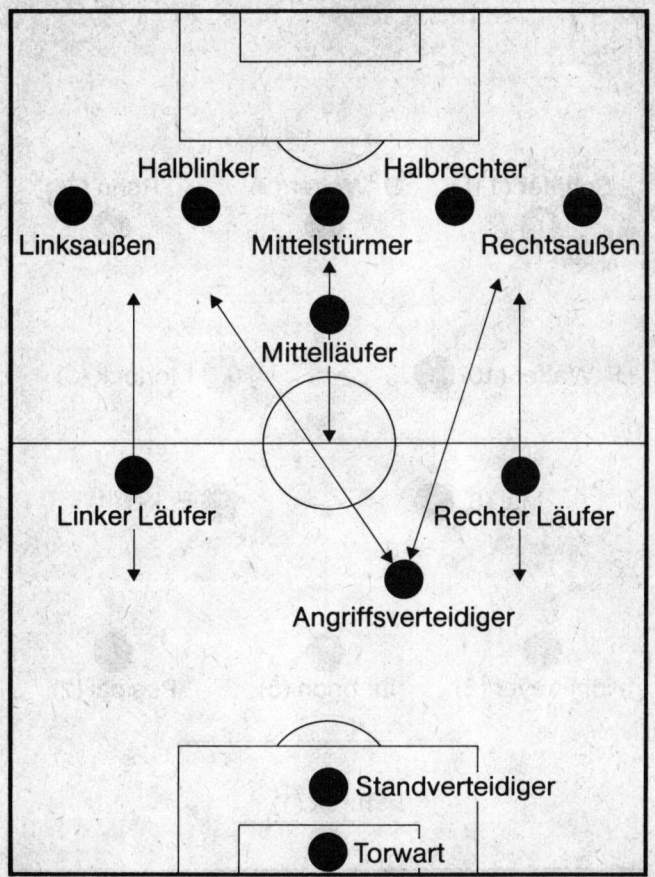

Vor der Revolution: Offensiv-Fußball mit Abseits-Falle (bis 1925)

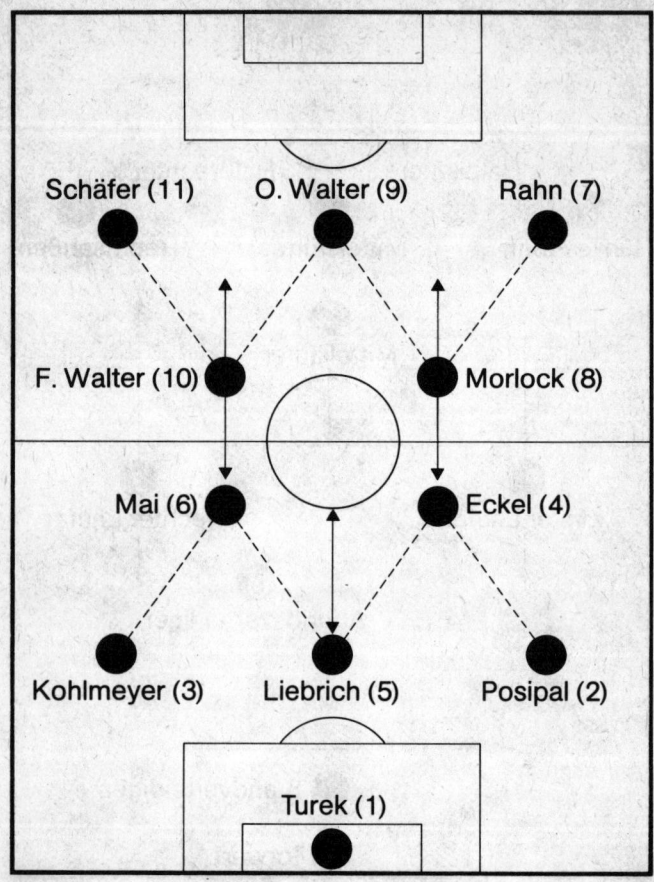

Schäfer (11) O. Walter (9) Rahn (7)

F. Walter (10) Morlock (8)

Mai (6) Eckel (4)

Kohlmeyer (3) Liebrich (5) Posipal (2)

Turek (1)

Systemänderung I: WM-System. Jeder Spieler erhält eine spezifische Funktion. Mann deckt Mann. Klassisch: Bundeslrepublik 1954: Die Elf von Bern — ein deutscher Mythos.

Systemverändernde Reform II: 4-2-4-System (seit 1958), seit 1970 meist 4-3-3-System. Vom Spezialisten zum All-round-Spieler. Stürmende Verteidiger, verteidigende Stürmer; spielentscheidende Rolle der Mittelfeldspieler.

Zeichnungen nach Manfred Gröning: *Alle Tage Fußball*

Form bestimmter Schlüsselspieler. Gegenüber der Monotonie, die an den Arbeitsplätzen beispielsweise halbautomatisierter Betriebe herrscht, übt ein Berufsfußballspieler geradezu einen kreativen und abwechslungsreichen Beruf aus. Ähnlich sieht ihn Karl-Heinz Thielen, ehemaliger Nationalspieler und bis Ende 1972 Außenstürmer und später stürmender Außenverteidiger des 1. FC Köln, 1973 nach einem Studium der Betriebswirtschaft und Praxiserfahrung als Wirtschaftsprüfer, Steuerberater und Versicherungsorganisator mit 33 Jahren der Manager des Kölner Clubs: »Sie sind sicherlich keine normalen Angestellten, Künstler?, nein, das kann man eigentlich auch nicht sagen. Ich meine, sie sind Zigeuner, von denen sich jeder verkauft, so gut es eben geht.«[5]

Dieser Vergleich trifft manche Aspekte recht gut: das Artistische, das Nomadentum und die gewisse Schlitzohrigkeit abgefeimter Profis. Zwei Unterschiede wiegen jedoch schwerer: Zigeuner bilden eine diskriminierte und in einigen Ländern verfolgte Minorität, wenn sie nicht gerade im südfranzösischen Les-Saintes-Maries-de-la-Mer kampieren. Auch sind sie in der Regel arm.

Bei Jahresgehältern von mindestens 50 000 DM — um ganz tief anzusetzen — hingegen von »Ausbeutung« zu sprechen, heißt einfach anstelle einer Analyse einen Beitrag zur Begriffsverwirrung zu leisten. Es heißt zugleich, das Bewußtsein der Spieler zu unterschätzen, eine planvoll getroffene Berufswahl an der Elle elitärer Arroganz zu messen. Auffallend ist, daß alle Kritiker des Sports und des Fußballsports im besonderen auf weit zurückliegende Zeugnisse zurückgreifen müssen. Coubertin und Diem für den Sport insgesamt, Sepp Herberger, Fritz Walter und bestenfalls Max Merkel werden — in der Tat nicht nachahmenswerte vermeintliche Vorbilder — als repräsentativ ausgegeben. Daß mit dem Wandel des Spielsystems in der Bundesrepublik

5 *Kicker,* 30/1973.

auch ein entscheidender Wechsel auf dem Posten des Bundestrainers, wenn auch nicht völlig synchron, verbunden war, wird gern verschwiegen. Helmut Schön ist sicher kein Intellektueller, gemessen an Herberger jedoch intellektuell. Nicht zuletzt durch den Abbau einer überkommenen hierarchischen Struktur sind die Erfolge der deutschen Nationalmannschaft zu erklären. Ein Günter Netzer in seiner heutigen Form könnte kaum unter der Leitung von Herberger spielen. Auch bei Breitner und Hoeness wären Zweifel am Platz.

Das Bild vom herrschsüchtigen Trainer und den unterwürfigen Spielern ist zwar beliebt, aber *als Regelfall* einfach empirisch falsch. Es verkennt gerade unter organisationssoziologischen und rollentheoretischen Gesichtspunkten die komplexe Stellung eines Trainers innerhalb eines Vereins und innerhalb einer Mannschaft. Der Trainer ist wie die Spieler Angestellter des Vereins mit einem meist noch enger befristeten Vertrag. Seine Dispositionsbefugnis reicht bis zur Aufstellung der Mannschaft. Über Prämien entscheidet er in der Regel schon nicht mehr allein. Viel entscheidender und kaum bekannt ist die Tatsache, daß er nicht einmal über die Zeit aller Spieler verfügen kann im Sinne eines strikten Plans. Das Zeitbudget insbesondere der Spitzenspieler besteht aus einem wohl kalkulierten Einverständnis zwischen ihnen und dem Trainer. Würde ein Udo Lattek seine Idealvorstellungen voll durchsetzen wollen, so ginge mit ziemlicher Sicherheit Herr Lattek und nicht einer seiner sieben Nationalspieler, die ja schließlich nicht während des Trainings Suppenwerbung treiben oder gut bezahlte Autogrammstunden geben können.

Max Merkel und Rudi Gutendorf, seit langem nicht mehr in der Bundesliga tätig, sind gerade Beispiele dafür, daß sich der Typ des autoritären, von sadistischen Zügen nicht freien Trainers als Regelfall eben *nicht* durchsetzt. Ihn am Beispiel Max Merkels immer wieder als repräsentativ hinzustellen, bedeutet nichts anderes als in der soziologischen

Analyse den Schlagzeilen der Boulevardpresse zu folgen. Für die Journale ist selbstverständlich ein ungewöhnlicher Trainer von größerem Interesse als die Mehrzahl seiner Kollegen, die zwischen den Erfolgserwartungen der Vereinsführung, den Launen ihrer Stars und neuerdings den immer wieder überraschenden Urteilen der DFB-Gerichte einem aufreibenden, wenn auch nicht kleinlich honorierten Beruf nachgehen. Fußballtrainer der Bundesliga verdienen zwischen 50 000 und über 200 000 DM pro Jahr. Erfolgsprämien für Meisterschaft, Plätze und Pokal nicht mitgerechnet.

Relativ selbstherrlich könnte ein Trainer nur dann verfahren, wenn er über 22 nahezu gleichwertige Spieler verfügte, wenn also hinter jedem Stammspieler ein Ersatzspieler lauerte. Bei dem Mangel an hervorragenden Spielern und angesichts der hohen Kosten sind die meisten Vereine froh, gerade jeweils jene 13 Spieler einsatzbereit zu haben, die innerhalb von 90 Minuten spielen dürfen.

Als nach wie vor autoritär gilt Trainer Lorant, ehemaliger Abwehrspieler der ungarischen Nationalmannschaft von 1954, 1973 bei den Offenbacher Kickers. Die funktionale Autorität bei Lattek (Bayern München) und Weisweiler (Borussia Mönchengladbach) stützt sich auf Intelligenz. Als Mann mit zu geringer Autorität galt Klaus Ochs (früher HSV). Kronsbein ist weniger autoritär als vielmehr verbittert über das, was ihm Hertha BSC in den letzten Jahren geboten hat. So etwas kann man nur mit 10 000—15 000 DM Monatsgage überstehen. Läßt sich der Verein von einem Mäzen für fast eine halbe Million DM den Mittelstürmer der schweizerischen Nationalmannschaft schenken, der zunächst kaum Regionalligaformat erreicht.

Ordnungs- und Autoritätsmuster im Fußballsport werden jedoch nach wie vor durch einen Rollenträger repräsentiert, der in der bisherigen Diskussion weitgehend vernachlässigt worden ist: *den Schiedsrichter.* Uninteressant sind Schiedsrichter für die einen, weil gerade sie den beklagten Verfall der Kultur nicht repräsentieren, zweitrangig für die anderen, weil sich an ihnen spezifische kapitalistische Profitinteressen nur schwer aufzeigen lassen.

Ungeachtet dessen spielen Schiedsrichter eine zentrale, und wie mir scheint, verhängnisvolle Rolle. Sie verkörpern die Amtsautorität, nicht funktionale Autorität im Fußballstadion. Sie treffen grundsätzlich nur »Tatsachenentscheidungen«; das heißt, ein Ball ein Meter vor dem Tor, vom Schiedsrichter dennoch als Tor gewertet, gilt in jedem Fall als Tor. Einspruch ist prinzipiell ausgeschlossen. Zwei Schiedsrichter sind wie im Eishockey dringend erforderlich, Zeitstrafen sinnvoll. Und schließlich könnte am Spielfeldrand ein Fernsehmonitor stehen, an dem sich in anscheinend *spielentscheidenden* Zweifelsfällen einer der Linienrichter in Sekundenschnelle informieren kann.

Die Befugnisse der Schiedsrichter werden sorgfältig umrahmt von Bestimmungen, die den Spieler zum stummen Befehlsempfänger degradieren. Widerspricht er einer Entscheidung, so droht ihm die »gelbe Karte«, die Verwarnung, im Wiederholungsfall die »rote Karte«; der Spieler scheidet vorzeitig aus, wird für vier bis acht Wochen gesperrt und somit um einen Teil seiner Einkünfte gebracht. Wagt er es gar, den Schiedsrichter als »Eierkopf« zu bezeichnen, so führt der Weg direkt in die Kabine. Diese Empfindlichkeit der Schiedsrichter ist um so grotesker, als derselbe Spieler seinen Gegenspieler schon sehr hart, im Zweifelsfall mehrfach bis zur Verletzung, attackieren muß, um überhaupt verwarnt zu werden. Schiedsrichter sehen ihre primäre Aufgabe nicht darin, die Spieler gegenseitig vor Verletzungen, sondern sich selbst vor verbalen Attacken der Spieler zu bewahren. Ihr Verhalten wird durch das unkritische Verhalten zahlreicher Fernsehreporter nachträglich gebilligt. Trifft ein Schiedsrichter eine selbst Laien einsichtige Fehlentscheidung, so rät uns der Mann am Bildschirm, ihr doch getrost zu vertrauen, »denn der Unparteiische stand näher am Ball«.

Einen guten Schiedsrichter bemerkt man während eines Spiels kaum. Dieser gegenüber den Spielern relativ passiven Rolle sind jedoch nur wenige gewachsen. Zahlreiche Schiedsrichter geraten in Versuchung, durch überflüssige Aktivität und spektakuläre Gesten Aufmerksamkeit auf sich ziehen zu wollen.

KOPFGELDER ODER DAS BROT
DER FRÜHEN JAHRE

1954
Ein Spieler der damaligen Oberliga erhält maximal DM 320,— monatlich.

1963
Einführung der Bundesliga. Regionalligaspieler verdienen jetzt DM 600,— netto, vorausgesetzt, der Verein kann sie zahlen.

Das Brutto-Grund-Gehalt der Bundesliga-Spieler wird auf DM 1200,— festgesetzt. Darüber hinausgehende Summen bedürfen zunächst einer im wesentlichen formalen Genehmigung durch den Bundesliga-Ausschuß.

1973
Keiner der unter Vertrag stehenden und regelmäßig eingesetzten Spieler verdient jährlich weniger als 50 000,— DM.

Ein Star wie Overath kassiert rund 120 000,— DM, Breitner 250 000,— DM, Beckenbauer rund 800 000,— DM und Müller ist kaum noch zu bezahlen. Sie lassen es den Verein und die Öffentlichkeit gelegentlich wissen, daß sie doch eigentlich für ein Butterbrot spielen. Der Verein, der in diesen Fällen ohnehin nur gut die Hälfte zahlt, ist beschämt. Vielleicht finanzieren die Spitzenspieler in Kürze von ihren Werbeeinnahmen die kränkelnden Vereine. Die Stars entwickeln eine Mentalität, die in der Bundesrepublik zuerst von den sich rar machenden Handwerkern praktiziert wurde und inzwischen auf bessere Geschäfte und das Dienstleistungsgewerbe übergegriffen hat. Nicht selten gewinnt man den Eindruck, die Verkäuferin sei einer Ohnmacht nahe, wenn man sie um etwas bittet.

Der Verdienst der Bundesligaspieler setzt sich zusammen aus Grundgehalt, Prämien und Werbeeinnahmen sowie dem Kopfgeld — auch Handgeld genannt —, das die Spieler bei einem Wechsel zu einem anderen Verein oder bei Vertragsverlängerug von ihrem eigenen Club erhalten. Netzer erhielt zuletzt auf diese Weise DM 150 000,—. In der Bundesrepublik. Haller und Schnellinger sind in Italien Millionäre geworden. Und Pelé verdiente eine Million DM allein im Jahre 1970.

Die Bundesligavereine hatten im Frühjahr 1973 rund 22 Millionen DM Schulden, die italienischen Vereine der 1. und 2. Liga gar 100 Millionen DM. In beiden Fällen setzen Kenner den doppelten Betrag anstelle dieser offiziellen Angaben. Hertha BSC war wie so oft auch hier führend mit 6 Millionen DM Schulden. Daß die Europäische Gemeinschaft Fortschritte macht, zeigen die Zahlen für Neapel (5,5 Mill.) und AS Roma (4 Mill.). Insgesamt 7 Millionen DM bezahlte der FC Barcelona für den niederländischen Stürmer Johan Cruyff.

2. Der Bundesliga-Skandal

> »Die Grundübel des afrikanischen Fuß-
> balls: Korruption, Aberglauben, schlech-
> te Organisation und Stammeskriege.«
> Sportjournalist Peter Bizer 1974

Mit der Begründung des Profifußballs wurden gleichzeitig
die soliden Grundlagen geschaffen für jene Korruption im
westdeutschen Fußball, die Ziel empörter Anklagen geworden ist. Man gab ehrenamtlich geführten Fußballvereinen
eine Lizenz, ohne sich intensiv um die Fähigkeiten ihrer
Funktionäre, ihre Interessen, Abhängigkeiten und Finanz-
gebaren zu kümmern. Man gab den Weg zur Professionalisierung der Fußballspieler und Fußballtrainer frei und eb-
nete dadurch, daß die gleichzeitige Professionalisierung der
Funktionäre und Schiedsrichter unterblieb, den Weg zum
Dilettantismus im deutschen Fußballsport. Seine vorläufig
letzte Folge ist die Korruption. Die Korruption ist nicht die
logische Folge des Profifußballs. Sie ist vielmehr Ausdruck
einer strukturellen Krise des Deutschen Fußball-Bundes, sie
ist die Folge einer mangelhaften Professionalisierung des
Fußballsports insgesamt. Die vor kurzem beschlossene Einführung einer zweigeteilten Profiliga unterhalb der Bundesliga kann zur Lösung dieser Krise nur wenig beitragen.
Man kuriert Symptome, um nicht bis zu den Ursachen vor-
stoßen zu müssen. Eine Trennung zwischen Profifußball
und Amateurfußball wäre die notwendige Konsequenz.
Dann wären Fußballvereine tatsächlich das, was man ihnen
bislang nur fälschlich unterstellt: Unternehmen *innerhalb*
unserer Wirtschaftsordnung, gebunden an die Regeln dieses
Systems und nicht ein teures Spielzeug dieser Gesellschaft,
subventioniert von ihr, von Funktionären pervertiert.
Beim Versuch, den Skandal in der Fußball-Bundesliga zu
erklären, wurden bislang insbesondere drei Interpretations-
schemata benutzt: das politische, das individualpsychologische und das pseudo-juristische.

Die politische Interpretation trägt, wie es bei globalen Erklärungsversuchen häufig der Fall ist, zur Lösung des Problems wenig bei. Danach ist die Krise des westdeutschen Fußballs nur der Ausdruck jener grundlegenden und auf die Dauer tödlichen Krise des kapitalistischen Systems. »Wie der Fußballsport verfault und parasitär wird unter kapitalistischen Bedingungen — das zeigt sich hier nur einmal mehr«, schreibt Klaus Schlegel, Chefredakteur der in Ostberlin erscheinenden *Neuen Fußballwoche*.

Etwa zur gleichen Zeit wurde in Rumänien ein Skandal aufgedeckt, weil es im Kampf um den Auf- und Abstieg nicht mit rechten Dingen zugegangen war. Anfang August 1971 zog das ungarische KP-Organ *Nepszabadsag* aus wiederholten Skandalen im ungarischen Fußball den folgenden Schluß: »Die einzig mögliche und auch einzig ehrliche und annehmbare Lösung kann also nur im folgenden bestehen: die arbeitswilligen Fußballspieler sollen entsprechend ihrer Arbeitsleistung entlohnt werden und die Berufsfußballer ihrem sportlichen Können und der Leistung entsprechend regelmäßig ein Einkommen beziehen und Prämien erhalten.«[1]

Bislang zählten, so die Argumentation der Kritiker, Ungarns Spitzenfußballer zu jener »satten Oberschicht«, deren Existenz mit den Prinzipien einer sozialistischen Gesellschaftsordnung nicht zu vereinbaren sei. Sie beziehen ein festes Einkommen, das weit über dem Durchschnitt liegt und die jeweils erbrachten Leistungen nicht berücksichtigt. Wer mit zwanzig Jahren zur Spitze zählt, kann für ungefähr zehn Jahre frei von materiellen Sorgen leben. Bisher galt der Berufssport in sozialistischen Ländern als ein Zeichen kapitalistischer Dekadenz.

Das individualpsychologische Interpretationsschema war von allen möglichen Spielarten einer Erklärung am erfolg-

---

1 In: *Die Welt*, 3. 8. 1971. — Fußball-Skandale gab es auch in Bulgarien, Jugoslawien und Polen.

versprechendsten, weil es am wenigsten in vertraut gewordene Denkstrukturen einbrach. Danach ist der ganze Skandal auf die Schuld einiger weniger zurückzuführen. Schwächliche Charaktere erlagen den Verlockungen des »Unrechts«. Horst Gregorio Canellas erscheint aus dieser Sicht als ein ehrgeiziger Fanatiker, der für den Fall, daß den Offenbacher Kickers der Abstieg erspart geblieben wäre, niemals die Öffentlichkeit informiert hätte. Und hatte nicht Manfred Manglitz schon bei früheren Gelegenheiten ein ungewöhnliches Benehmen gezeigt? Wenige hatten gefehlt, jetzt ging es um »die Sauberkeit im deutschen Fußball«. Die Angeklagten, so Ankläger Kindermann weiter, hatten sich »schmutzig verhalten«, jetzt gelte es, »das Haus des deutschen Fußballs und besonders des Berufsfußballs sauber zu halten«.

Bis zum ersten Frankfurter Prozeß im Juli 1971 sah es so aus, als setze sich die individualpsychologische Interpretation allgemein durch. Zwei Gruppen wäre damit gedient gewesen. Dem Deutschen Fußball-Bund wäre es erspart geblieben, sich selbst und seine Institutionen in Frage stellen zu lassen. Der peinliche Betriebsunfall — so die Berechnung des DFB — würde bald vergessen und die Welt des deutschen Fußballs wieder in Ordnung sein. Schließlich schien es so, als sei auch einer zweiten Gruppe, der öffentlichen und einem Teil der veröffentlichten Meinung, mit dem Schuld-Sühne-Prinzip genüge getan.

Der Prozeß selbst führte jedoch dazu, daß allein der DFB dem individualpsychologischen Interpretationsschema treu blieb; die Prozeßbeobachter ersannen ein drittes, das pseudo-juristische. Was sei, so fragten sie nun, daran rechtswidrig, wenn jemand Geld für etwas nehme, was er ohnehin tue — nämlich in einem Fußballspiel nach Möglichkeit zu siegen? Wo keine Rechtswidrigkeit vorliege, könne es keine Schuld und folglich auch keine Strafe geben. Und schließlich stehe der DFB als Mitwisser des Skandals keineswegs besser da als die bestraften Spieler und Funktionäre.

Inzwischen wissen wir, daß Geld auch genommen wurde mit dem Versprechen, dafür zu verlieren.

Im soziologischen Interpretationsschema wird der Skandal nicht als spezifisch kapitalistisch betrachtet, nicht ausschließlich individualpsychologisch und auch nicht aus pseudojuristischer Sicht erklärt. Ausgehend vom Beruf des Fußballspielers kommen wir zu dem Schluß, daß mit der Einführung des Profifußballs die Probleme eines neuen Berufs in unserer Gesellschaft nicht genügend durchdacht worden sind, daß die Krise der Bundesliga unter anderem und vor allem die Krise eines Berufs ist, der sich von anderen Berufen grundlegend unterscheidet — insbesondere durch folgende Merkmale:

1. Fußballspieler ist ein *Beruf auf Zeit*.
2. Ein *Berufswechsel* in verwandte Berufe ist (mit Ausnahme des Trainerberufs) ausgeschlossen.
3. Fußballspieler ist ein Beruf, in dem das *Leistungsprinzip* in allen Phasen der Berufslaufbahn gilt.

Ein Fußballspieler übt seinen Beruf ungefähr 12 Jahre lang aus, vom 18./20. Lebensjahr bis zum 30./32. Hat er zuvor eine Lehre abgeschlossen, so ist es ihm nicht möglich, sich intensiv weiterzubilden und im Alter von gut 30 Jahren in seinen ursprünglichen Beruf zurückzukehren. Der Trend geht jedoch ohnehin dahin, die Stars von morgen bereits als Schüler zu entdecken. Dieses Verfahren ist einmal für die Vereine wesentlich billiger als der spätere Einkauf eines bereits etablierten Spielers und zum anderen eine Notwendigkeit für alle Vereine, weil mehr gute Spieler benötigt werden, als zur Zeit in der Bundesliga vorhanden sind.

Folgerichtig ist es das erklärte Ziel vieler Fußballspieler, während ihrer rund zwölfjährigen Berufslaufbahn so viel zu verdienen wie andere Leute in 30 oder 45 Jahren. Sicherster Weg hierzu ist nicht der direkte Verdienst als vielmehr der Aufstieg zum Star, der mit der Umwandlung des eigenen Namens in einen Markenartikel verbunden ist. Dieser läßt sich in der Regel auch noch lange Zeit nach Abschluß der Karriere benutzen.

Mit Ausnahme des Trainerberufs ist auch ein *Berufswechsel* aus Mangel an Gelegenheit nicht möglich. Hierzu kommt die Tatsache, daß keineswegs alle Spieler später Trainer werden können und dieser Beruf besondere, wenn auch andere Probleme mit sich bringt.

Nun ließe sich einwenden, jemand, der nur 12 Jahre in seinem Leben arbeitet, sei damit schon genug belohnt gegenüber »lebenslänglichen« Arbeitnehmern. Für den Berufsfußballspieler ist das *Leistungsprinzip* wie in kaum einem anderen Beruf gültig, und zwar in allen Phasen seiner Berufslaufbahn. Er arbeitet — bedingt durch das System Grundgehalt und Prämien — faktisch im permanenten Akkord. Er ist Samstag für Samstag den Kritiken der Vereinsführung, der Zuschauer und der Massenmedien ausgesetzt. Verlorene Spiele bedeuten entgangenes Gehalt, schlechte Form über mehrere Wochen bedeutet den Wechsel zu einem Verein, der schlechter zahlt, im Extremfall die Aufgabe des Berufs. Die Leistungskontrolle des Berufsfußballspielers ist nahezu perfekt. Der Verein zahlt nach einem Punktsystem, die Zeitungen verteilen regelrechte Noten.

Wiewohl das Leistungsprinzip im Fußballsport gilt, ist diese Sportart strukturell außerhalb der ökonomischen Bedingungen dieser Gesellschaft angesiedelt. Im Fußballsport werden gerade nicht, wie immer behauptet wird, die Spielregeln des Geschäftslebens auf den Sport übertragen.

Ein Geschäftsmann, der so wirtschaftete wie die meisten Vereine, wäre längst ein armer Mann. Der Fußballsport ist ein teures Spielzeug, das sich unsere Gesellschaft leistet und zum Teil bezahlt, ohne es zu wissen. Es beginnt mit dem Erlaß der Stadionmiete und endet vorerst bei öffentlichen Zuschüssen der Stadtgemeinden für den heimatlichen, in Schwierigkeiten geratenen Verein. Dem gesellt sich ein schwer durchschaubares privates Mäzenatentum hinzu. Bereits heute werden einige Spieler nicht von ihrem Verein, sondern von einem Millionär gekauft und bezahlt. Die Launen der herrschenden Klasse unterliegen einem ständigen Wandel.

Inmitten dieser Abhängigkeiten der Spieler von ihrem Verein, des Vereins von seinen Mäzenen und der Mäzene von der allgemeinen wirtschaftlichen Entwicklung gedeiht die Korruption. Aus der Sicht der Soziologie sind es jedoch nicht primär schwache Charaktere, die besonders anfällig sind gegenüber unlauteren Geschäften. Anfällig waren, wie wir heute wissen, ganze Mannschaften: Hertha BSC, Schalke 04 und Eintracht Braunschweig beispielsweise. Um nicht das Kollektiv vors Gericht zu bringen, wurde die Märtyrertheorie entwickelt: einer opfert sich für alle, er hat das ganze Geld genommen. Als stellvertretender Märtyrer, jedoch auch als tatsächlicher Alleinschuldiger kamen Spieler mit besonderen sozialen und funktionalen Merkmalen in Betracht:

1. Ein wichtiger Faktor ist das Alter. Keiner der zunächst angeklagten Spieler war jünger als 28 Jahre: Bernd Patzke, 28; Hans Arnold, 29; Tasso Wild und Lothar Ulsaß, 30; Manfred Manglitz, 31.

2. Ein weiterer zentraler Faktor ist die Funktion des Spielers in seinem Verein. Spieler, die ein Spiel allein entscheiden können, sind besonders gefährdet. Allein ein Spiel entscheiden können insbesondere:

a) der Torwart (Manglitz, Danner)

b) andere wichtige Abwehrspieler (Patzke, Wild, Arnold)

c) Mannschaftsführer (Wild und Ulsaß).

3. Dritter Faktor schließlich ist die Stellung, die der Spieler auf dem nationalen und internationalen Spielermarkt einnimmt. Auffallend ist, daß keiner der großen deutschen Fußballstars aktiv in den Skandal verwickelt ist. Beckenbauer, Netzer und Overath, Maier, Vogts und Müller verdienen zuviel, um anfällig zu sein gegenüber 25 000 DM.

Sie haben zudem die wichtigste Voraussetzung, nämlich ein bestimmtes Mindestalter, nicht erfüllt. »Der ist«, so Manfred Manglitz, »noch zu grün.« Die »Ganoven« bleiben lieber unter sich.

Zusammenfassend ist festzustellen: besonders anfällig für eine Korruption sind Spieler, deren Karriere sich ohnehin dem Ende nähert, ältere Spieler, die nicht erfolgreich genug waren, ein internationaler Star zu werden, jedoch gut genug, um innerhalb ihrer Mannschaften Schlüsselpositionen einzunehmen. Die Fälle der Nationalspieler (Manglitz (4mal), Patzke (24mal) und Ulsaß (10mal) sind symptomatisch. Aus diesen Fakten ergeben sich für den Deutschen Fußball-Bund, die Vereine und die Berufsfußballspieler als Hauptbetroffene einige Folgerungen, die im Interesse der Spieler von der sie vertretenden Gewerkschaft durchgesetzt werden könnten. Unter der Voraussetzung, daß man den Berufsfußball bejaht und erhalten möchte, wird die soziale Sicherung der Spieler ausgedehnt in einem Maße, der anderen Berufen vergleichbar ist. Dies kann u. a. auf folgende Weise geschehen:

1. Nur Spieler mit abgeschlossener Lehre oder Abitur können Berufsspieler werden. Der Verein ist verpflichtet, die Ausbildung der Spieler in ihrem ursprünglichen bzw. angestrebten Beruf zu unterstützen. Bei Vertragslösung zahlt der Verein eine hohe Abfindung (vgl. den Soldaten auf Zeit). Von dieser Regelung würden nicht zuletzt die Vereine selbst profitieren. Denn, so paradox es auch klingen mag, die beste Ausbildung eines Fußballprofis ist nicht durch das Erlernen des Fußballspiels gewährleistet. Zu einer optimalen Ausbildung gehört heute ein Berufsabschluß oder zumindest die Voraussetzung hierzu in gesetzterem Alter, das Abitur. Da der Job eines Fußballprofis in der Bundesrepublik ein Beruf auf Zeit ist, ein vor allem in arbeits- und versicherungsrechtlicher Hinsicht keineswegs vollwertiger Beruf wie beispielsweise in Großbritannien, trägt die Sicherheit eines »richtigen« Berufs zur psychischen Kondition der Spieler entscheidend bei. Zur Zeit wird dieses Problem noch dadurch umgangen, daß die Vereine beim »Einkauf«

eines guten Spielers ihm nicht nur eine Ablösesumme und ein gutes Gehalt, sondern nicht selten zugleich auch einen »Beruf fürs Leben« bieten: Tankstellen und Lottoannahmestellen sind ebenso beliebt wie die Vertretung ohnehin bekannter Markenfirmen der Sportartikelindustrie. Doch bei der steigenden Zahl aktiver und vor allem in zunehmendem Maße auch ehemaliger Profis zeichnet sich eine Grenze des bisher praktizierten Systems ab. Es ist ohnehin immer nur eine Lösung für die besseren Spieler gewesen.

oder 2. Der Deutsche Fußball-Bund zahlt Spielern, die mindestens sechs Jahre lang Berufsspieler waren, eine angemessene Rente.

oder 3. Das Gehalt auch der mittelmäßigen Spieler wird so stark erhöht, daß es für eine Alterssicherung ausreicht.

Die Verwirklichung dieser Vorschläge würde die sozialen Probleme eines der jüngsten Berufe in unserer Gesellschaft zumindest teilweise lösen. Daß hiermit zugleich die Korruption endgültig beseitigt werden kann, behaupte ich nicht. Auch ist die Vorstellung naiv, hohe Strafen des verbandsinternen oder eines ordentlichen Gerichts würden solche Vorgänge zu einer Rarität werden lassen. Wahrscheinlicher ist vielmehr, daß die Korruption ihren amateurhaften Charakter verlieren wird. Mit der Professionalisierung des Fußballsports geht die Professionalisierung derer einher, die an ihm verdienen. Eine heile Welt hat es auch im Berufsfußball niemals gegeben.

Tatsache hingegen ist, daß es gute, schlechte und manipulierte Spiele gibt. Die Einführung der Bundesliga hat zu einer sprunghaften Erhöhung spannender Fußballspiele in der Bundesrepublik beigetragen, zu einer Verbesserung von Kondition, Taktik und Spielkultur. Und die nachweisbaren Manipulationen vermögen nicht darüber hinwegzutäuschen, daß mit Borussia Mönchengladbach die zu jener Zeit beste westdeutsche Mannschaft Deutscher Meister geworden ist, daß Rot-Weiß Essen an den Integrationsschwierigkeiten scheiterte, die durch ihren überbezahlten Star Lippens entstanden waren, daß schließlich die Offenbacher Kickers der Schönheit ihres eigenen Spiels und der Unfähigkeit, Chancen in Tore umzumünzen, erlagen.

Dieter Gütt hat in einem Kommentar die Meinung vertreten, das Fernsehen müsse sich überlegen, ob es weiterhin diesen »kriminellen Unsinn, der sich Fußball nennt«, übertragen wolle. In seinem Zorn vergaß er nur eins: es gibt Wochen, in denen die Traurigkeit des Programms lediglich durch eine einzige Sendung unterbrochen wird: durch die Direktübertragung eines spannenden Fußballspiels.

In sehr geschickter Weise ist es bislang sowohl den Institutionen des Fußball-Bundes als auch den ehrenamtlichen *Funktionären* selbst gelungen, ihre eigene Rolle in diesem Skandal zu verniedlichen auf Kosten der betroffenen Spieler. Vergessen wird dabei meist, daß der Plan zu fast allen manipulierten Spielen von Funktionären erdacht worden ist. Es handelt sich um eine Form der Wirtschaftskriminalität in einem Staat, der ohnehin in dem Verdacht steht, die harmlosen Fälle zu verfolgen, damit die großen Fische um so ungestörter ihren Geschäften nachgehen können. Im Bundesliga-Skandal haben nahezu ausschließlich die Spieler das Risiko getragen für am grünen Tisch ersonnene Delikte.

Auffallend ist, daß seit langem professionell geführte Vereine wie Bayern München und Borussia Mönchengladbach nicht in den Skandal verwickelt sind. Sie werden nicht von zwielichtigen Funktionären, sondern von Managern geleitet, die ebensogut in seriösen Unternehmen der Wirtschaft oder des Staates arbeiten könnten. Karl-Heinz Thielen, Manager des 1. FC Köln, stellt eine Korrelation zwischen seinem Beruf und seiner Lebenserwartung an: »Natürlich könnte man das bis zu seinem Lebensende machen, doch die Frage ist, wann dann das Ende ist.«[2]

Nach wie vor gibt es jedoch den Typus des schmierigen Funktionärs. Sie sind »Idealisten«, im Extremfall Fanatiker,

2 *Kicker,* 30/1973.

die keine Verantwortung tragen. Sie geben sich einer Sache hin aus »Idealismus«. Sie alle haben das Beste gewollt. Das Beste für den Verein, das Beste für die Stadt, ja, das Interesse ganz Süddeutschlands oder das des Ruhrgebiets wird beschworen. Von der politischen Funktion des Fußballs für Berlin ganz zu schweigen. In diesem Punkt grenzt Kritik an Landesverrat. Funktionäre sind in der Regel ehrenamtlich tätig und dem Zugriff ordentlicher Gerichte entzogen. Sie setzen auf das »Spielermaterial«, das sie »einkaufen«. Und wenn sich das Geschäft als Fehlkalkulation erweist, dann greifen sie erneut in die Kasse. Im Grunde, so sagen sie sich mit entwaffnender Logik, ist es ja gleich, ob die Prämien den Spielern der eigenen Mannschaft zufließen oder denen des Gegners. Entscheidend ist der Sieg der eigenen Mannschaft, die »Ehre« des Vereins, die »Ehre« der Bürger dieser Stadt. Sie dürfen, werden sie ertappt, kein Amt mehr ausüben innerhalb des Vereins, für Jahre oder auch auf Dauer. Sie werden Märtyrer schon zu Lebzeiten, heimlich oder auch offen bewundert als der mutige, selbstlose Mann, der halt Pech gehabt hat. Aber nutzen muß man sie natürlich, ihre Erfahrungen. Und so spielen sie nicht selten die Rolle einer grauen Eminenz.

Ebenso drastisch wie treffend hat Max Merkel den Typ des ehrenamtlichen Funktionärs im Profifußball charakterisiert: »Am deutschen Fußball gefällt mir zu vieles nicht. Da gibt es zu viele ehrenamtliche Stadträte und ähnliche, die alle im Klub was zu sagen haben. Die wollen auf der Tribüne gesehen werden und in den Zeitungen stehen. Dabei haben die keine Ahnung vom Fußball. Ich kannte mal einen, der wußte nicht einmal, daß Luft im Ball ist . . . Je mehr Erfolg da ist, um so zahlreicher werden solche Kenner. Mir ist der teuerste Angestellte lieber, den kann ich rausschmeißen, wenn er die Erwartungen nicht erfüllt. Die ehrenamtlichen sind die teuersten, obwohl sie Beitrag zahlen.«[3]

3 *Sport-Informationsdienst,* Mai 1973.

Noch zwei Jahre nach der Aufdeckung des Skandals waren 49 % aller Bundesbürger der Meinung, bei den Spielen in der Bundesliga sei nach wie vor Bestechung im Spiel.[4] Nur 27 % glaubten im Sommer 1973, nachdem bereits 61 Spieler verurteilt waren, jetzt gehe alles mit rechten Dingen zu. Bestechungsversuche in den bisherigen Dimensionen dürften in den nächsten Jahren sehr schwierig werden. Andererseits erscheint es aussichtslos, sie in Einzelfällen zu verhindern. Denn Bestechung im Fußballsport ist keineswegs neu, ein Naturereignis der Saison 1970/71. Bestechungsfälle gab es bereits vor Einführung der Bundesliga, und es gibt sie in abgeschwächter Form auch in Amateurklassen. Da werden Spiele für einen Kasten Bier verschenkt und manipuliert, von den verbotenen und dennoch ganz selbstverständlich gezahlten Handgeldern auf dieser Ebene ganz zu schweigen. Was immer man dem Deutschen Fußball-Bund auch vorwerfen mag: der Vorwurf, seine Spieler würden weitgehend unvorbereitet der rauhen Welt des Profitums ausgeliefert, ist ungerecht.

Während also jeder zweite Bürger davon überzeugt war, nach wie vor sei Bestechung im Spiel, leitete der Deutsche Fußball-Bund eine neue, die vorläufig letzte Phase im Skandal ein. Er fand sich bereit zur Kumpanei mit den Angeklagten aus verbandspolitischen Überlegungen, aus Prestigegründen sowie aus ökonomischen Interessen.

Nachdem einige Spieler die ordentlichen Gerichte bemüht und teilweise mit dem Argument Erfolg hatten, eine vorzeitige Sperre während eines noch nicht abgeschlossenen Verfahrens bringe ihnen nicht wiedergutmachende Einbußen — denn die Zeit ihrer möglichen Berufsausübung ist ja begrenzt —, mußte der DFB um seine Verbandsautonomie bangen. Aus der Sicht des bisher selbstherrlich geführten Verbandes sah es so aus, als glitte ihm jetzt der gesamte

4 Wickert-Institute. Quelle: *Frankfurter Allgemeine Zeitung*, 21. 7. 1973.

Profifußball aus den Händen. Möglicherweise würden bald ordentliche Gerichte auch über Ablösesummen entscheiden. Angesichts dieser Befürchtungen arrangierte sich der Verband mit seinen Sündern, insbesondere mit den cleversten von allen, dem Vorstand und der Mannschaft von Schalke 04. Die Sperren wurden verkürzt, für das Ausland wurden sofortige Freigaben erteilt. Daß der DFB sich damit auf die gleiche Ebene mit denen stellte, die er zuvor unter großem Aufwand angeklagt und verurteilt hatte, hat er vielleicht gar nicht bemerkt. Seinen Entscheidungen jedenfalls fehlt häufig die Legitimation und zuweilen auch die Legalität; von den Satzungen werden sie nur unzureichend gedeckt.

Hinzu kam die Überlegung, daß weitere Gerichtsverhandlungen kurz vor der Weltmeisterschaft im eigenen Land den erhofften Prestigeerfolg mindern könnten. Angesichts der Weltmeisterschaft würden die Zuschauer ohnehin den Skandal schnell und gern vergessen. Diese Hoffnung ist realistisch, solange es gute und interessante Spiele geben wird — insbesondere von der Mannschaft der Bundesrepublik. Ist das Gegenteil der Fall, so muß der Fußballbund sich auch die folgende Frage gefallen lassen: was kostet in diesem Land, drei Jahre nach dem Bundesliga-Skandal und ein Jahr nach der Steiner/Wienand-Affäre, eine Fußball-Weltmeisterschaft?

Die grundsätzliche Misere des Fußballsports in der Bundesrepublik liegt in der mangelhaften Trennung von Berufsspielern und Amateuren. Statt sie nach dem Skandal mit um so größerer Deutlichkeit zu vollziehen, hat der Deutsche Fußball-Bund in seinem Beschluß vom Oktober 1973 die Werbung auch bei »Amateuren« legalisiert. In einer Sportart ist diese Trennung bereits sehr klar vollzogen worden: bei *Catchern,* die den unteren und den sadistischen Ständen Volksbelustigung verkaufen, und *Ringern,* die als Amateure unter anderem von der olympischen Idee leben. Der Deutsche Fußball-Bund möchte ganz offensichtlich eine solche eindeutige Zweiteilung vermeiden. Seine jüngsten Beschlüsse lassen vermuten, daß er bereits eine Entscheidung gefällt hat zugunsten der Catcher-Lösung. Hans Kindermann wird froh sein dürfen, wenn man ihn nicht eines Tages der Lynchjustiz übergibt. Er hat das eigene Nest beschmutzt, und er mußte scheitern, weil es dort gar nichts mehr zu beschmutzen gab.

Der Deutsche Fußball-Bund ist der größte seiner Art in der Welt. In jeder Beziehung.

Es geht hier nicht um die puritanische Rettung der Amateuridee, und auch nicht um eine grundsätzliche Ablehnung der Werbung im Sport. Der Schriftzug des köstlichen Campari auf der Brust der HSV-Spieler stört mich überhaupt nicht. Das Problem ist die gefährdete Unabhängigkeit des Sports gegenüber wirtschaftlichen Interessen, seine Identität als *Sport*unternehmen trotz Werbung und nachgewiesener Bestechung. Nachdem der Deutsche Fußball-Bund die Schuldigen im Bundesliga-Skandal zu Helden emporstilisiert und mutige Persönlichkeiten wie Canellas und Kindermann diffamiert hat, ist die Korruption praktisch legalisiert worden. Das hartnäckige Leugnen der Schalker wurde honoriert: es empfiehlt sich zur Nachahmung. Wie sagte doch Rolf Rüssmann, einer der talentiertesten Fußballspieler in dieser Republik und intelligenter als seine »Richter«, nicht ohne Ironie: »Mir hat niemand *beweisen* können, daß ich Geld genommen habe.« Und der Moderator nickte erleichtert. Ich vermag nicht zu sehen, wie ein solcher Verband in Kumpanei mit dem Fernsehen den Verlockungen einer mächtigen Industriewerbung auf die Dauer widerstehen kann. Korrupt im verbandsinternen Bereich und verschlagen im Umgang mit der werbenden Industrie, ist die gegenwärtige Identität des Deutschen Fußball-Bundes allein der Kommerz. Über die Bedingungen des vom DFB offiziell gebilligten Vertrags zwischen der Firma Campari und dem Hamburger Sportverein ist vertraglich Stillschweigen vereinbart. Solange sich insbesondere die beiden Fernsehanstalten als kostenlose Pressesprecher des DFB geradezu anbiedern und ihre kritische Funktion verfehlen, werden diese Verstrickungen weitergehen. Die ARD kommentierte die Legalisierung der Bestechung mit dem keineswegs unlogischen Hinweis, nun sollten aber auch alle Spieler und Funktionäre begnadigt werden. Konsequenterweise müßte man diejenigen bestrafen, die so naiv oder wohlhabend gewesen sind, sich an die Statuten zu halten. Denn nur durch ihre Existenz bemerkt man ja erst die Korruption. Der designierte DFB-Vorsitzende Hermann Neuberger hat sich, obwohl er für die Organisation der Weltmeisterschaft verantwortlich ist, als einziger im Vorstand des DFB gegen die Begnadigung der Schalker Spieler gewandt.[5] Vielleicht hat er erkannt, daß selbst ein Verband mit Berufsspielern mehr sein muß als ein Wirtschaftsunternehmen mit unlauteren Methoden. Der moderne Berufssport kommt ohne Showeffekte kaum aus. Ob er jedoch den Weg zum Zirkus gehen will, liegt nicht zuletzt an seiner Organisationsstruktur und den Männern, die von ihr getragen werden. Auch die Catcher sind schließlich Sportler von Beruf. Unter ihnen stellt bereits heute ein ehrlicher Kampf einen schweren Verstoß gegen das »Berufsethos« dar. In Bremen hat die Polizei Fotografen abgeführt, weil sie auf ihrem angestammten Platz den Fernsehkameras den Blick auf die Werbebanden verstellten.[6] Es handelte sich um ein Länderspiel im Hallenhandball. Um den Blick auf die Werbung in neun Fußballstadien freihalten zu können, wird man die Bundeswehr einsetzen müssen. Sie jedoch hat aus Kostengründen bereits im Januar 1974 dem DFB ihre Unterstützung bei der Organisation der Weltmeisterschaft versagt.

Die Zeit ist gekommen, den Fußballsport in der Bundesrepublik gegen seinen eigenen Verband und einige seiner Vereine zu verteidigen. Ohne Bundeswehr und ohne Polizei.

---

5 Mein erstes Buch ist der Mannschaft von Schalke 04 gewidmet; Sympathie und Kritik schließen einander nicht aus.
6 Mit Bild dokumentiert in der *Frankfurter Allgemeinen Zeitung*, 5. 1. 1974.

48

Ein Politiker der sozialliberalen Koalition ist eingeladen worden, eine Rede zur Eröffnung der Weltmeisterschaft zu halten. Meines Erachtens hat er dabei nur die Wahl, diese Einladung abzulehnen — der dann noch amtierende Bundespräsident Heinemann hat dies bereits indirekt getan und damit seine Politik konsequent fortgesetzt, in der Bundesrepublik neue, bescheidenere Maßstäbe zu setzen — oder aber eine Rede zu halten, in der von der Schönheit dieses Spiels *und* von seiner gegenwärtigen Perversion die Rede ist. Schließlich gab es auch Bestechung während der Qualifikationsrunde zur Weltmeisterschaft.[7]

Von Willy Brandt stammt der Satz, er sei kein Fußballmuffel; ab und zu sehe er sich Spiele im Fernsehen an. In seinem Interesse kann man nur hoffen, daß er weiß, was wirklich gespielt wird. Schweigen bedeutet auch hier Zustimmung. Zustimmung zur Korruption: im Fußball, im Sport und damit in der Gesellschaft der Bundesrepublik Deutschland 1974. Sollte aber Klaus Harpprecht ausnahmsweise einmal um eine hübsche unverbindliche Formulierung verlegen sein, so kann er sich getrost an die FIFA halten. In dem *offiziellen* Bericht ihrer Beobachter über das Stadion in Santiago de Chile heißt es: »Der Rasen befand sich in einem hervorragenden Zustand.«

7 Inzwischen hat Bundespräsident Heinemann zugesagt.

FUSSBALLSKANDAL A LA FRANÇAISE

1965 stand Olympique Marseille am Ende der Tabelle. Dann wurde Monsieur Marcel Leclerc Mäzen und Präsident des Verbandes. Er engagierte

> Josip Skoblar,
> Roger Magnussen,
> George Canus und
> Bernard Bosquier.

Und da sie nicht für Butterbrot spielten, erhielt der Verein von der Stadt und ihrem sozialistischen Bürgermeister Gaston Defferre jährlich 750 000 Franc als Zuschuß und ein Darlehen von 300 000 Franc. Der Erfolg blieb nicht aus. Olympique Marseille wurde Pokalsieger und 1971 französischer Meister. Leclerc zog sich zurück. In der Kasse fehlten 5 250 000 Franc. Drei der fünf Millionen hatte Monsieur Leclerc zur Stützung seiner Zeitungen »Tele-Magazine« und »But« verwandt und damit einen unkonventionellen Beitrag zur Lösung des Problems der Pressekonzentration geliefert.

Dies Beispiel zeigt erneut, daß die Emanzipation in der Bundesrepublik weiter fortgeschritten ist als in unserem liebenswerten Nachbarland. Hier kassieren bereits ganz unbedarfte Fußballspieler Korruptionssaläre, während sich die Staatssekretäre Dorn und Raffert mit monatlichen Beraterverträgen von DM 3000,— zufriedengeben mußten.

Frankreich bleibt auch in diesem Punkt der Realität einer Klassengesellschaft näher: Korruption als Privileg der Privilegierten.

FÜR SCHALKE STERBEN

Ein Beitrag zum Problem der Inflation in Deutschland

1930 wurde Schalke 04 zum Profiverein erklärt und vom Deutschen Fußball-Bund aus dem Spielbetrieb genommen. Der Grund: der Vereinskassierer hatte den Spielern um Szepan und Kuzorra 10 Mark ausgezahlt; 100 % mehr, als die Statuten erlaubten. Die Folge: der Kassierer ertränkte sich im Rhein-Herne-Kanal.
Auf Tradition bedacht, begingen nach dem Kriege ein Vereinsvorsitzender und ein ehemaliger Kassierer Selbstmord.

1964 saß der damalige Vereinsführer und heutige Oberstadtdirektor für Schalke 04 auf der Anklagebank.

1973 sind 11 Schalker Spieler in den Bundesliga-Skandal verwickelt. Sie sollen für eine Niederlage gegen Arminia Bielefeld 40 000 DM erhalten haben. Experten sind jedoch der Meinung, die Schalker hätten bis zu sechs Spiele verkauft.
Libuda wandert, gemeinsam mit van Haaren, rechtzeitig aus, wird aber später von seinem neuen Club Racing Straßburg fallengelassen.
Allein die Kremers-Zwillinge haben einen Marktwert von fast einer Million DM.
Kommentar von Schalkes jugoslawischem Trainer Ivica Horvat: »Die Sperre von Sobieray und Fischer im Oktober letzten Jahres hat uns Lunge und Leber entfernt. Mit Fichtel, Lütgebohmert und Rüssmann ist uns das Herz herausgerissen worden.«
»Was bedeutet Ihnen Ihr Verein?«, fragte der Reporter. »Schalke«, erwiderte der Fan, »Schalke, das ist mein Leben.«

DER TOD AM NACHMITTAG

Der spanische Fußballspieler Miguel Martinez ist nach achtjähriger Bewußtlosigkeit in einem Krankenhaus der spanischen Hauptstadt an den Folgen einer Kopfverletzung gestorben, die er 1964 bei einem Fußballspiel erlitten hatte. Martinez, der damals gerade 26 Jahre alt war und im Rahmen einer Südamerika-Tournee erstmalig für den spanischen Fußballverein Atletico Madrid spielte, hatte sich diese schwerwiegende Kopfverletzung in Montevideo zugezogen. Er brach später in seinem Hotelzimmer zusammen und gewann seitdem niemals das Bewußtsein zurück. Wie aus dem Krankenhaus in Madrid ergänzend bekannt wurde, ist als Ursache für den Tod ein Nierenversagen anzunehmen, das auf die achtjährige intravenöse Ernährung zurückgeführt wird. Sein einstiger Club Atletico hielt in all diesen Jahren zu ihm und seiner Frau Maria. Sie erhielt jeden Monat einen Scheck. Auch die Krankenhauskosten wurden von Atletico übernommen.

Martinez starb, ohne seinen Sohn zu kennen, der wenige Monate nach dem folgenschweren Spiel geboren worden war. Die Familie Martinez gab das Ableben von Miguel mit der Anzeige bekannt: »Miguel starb im Alter von 34 Jahren, nachdem er 26 Jahre lang gelebt hatte.«

Einen Toten und 40 Verletzte gab es beim Fußballspiel zwischen Racing Tripolis und FC Homenetmen in Tripolis. Fanatiker schossen auf die Polizei, die das Feuer erwiderte.

GÖTTER, GRÄBER UND GELEHRTE

Eine verständliche Aufforderung richtete der Pfarrer von Mickover bei Derby an seine Gemeinde. Der Geistliche, ein Anhänger des englischen Fußballmeisters Derby County, forderte die Gläubigen auf, ab sofort keine Hochzeiten, Taufen und Trauerfeiern auf Termine zu legen, an denen Derby County Spiele austragen muß.

In einem hitzigen Streitgespräch über ein Fußballspiel in dem sizilianischen Städtchen Ravanusa hat der 48-jährige Pfarrer Francesco Carravaglia den Schulleiter des Ortes k. o. geschlagen. »Der Sport ist schuld«, entschuldigte sich der als Religionslehrer arbeitende Don Francesco, nachdem er seinen Vorgesetzten niedergestreckt hatte. Die eine Fußballelf wird von der Kirchengemeinde, die andere von der Sozialistischen Partei unterstützt.

Ein makabres Angebot machte ein Fußballfreund testamentarisch dem englischen Club FC Bellgate. Für die Überlassung einer Summe von 1500 Pfund sollte auf dem Spielfeld des FC Bellgate die Asche des Verstorbenen in alle Winde zerstreut werden.

Den exklusivsten Leitfaden brachte ein italienischer Autor heraus. Er gibt darin den Männern Ratschläge, wie sie ihre fußballspielende Braut oder Frau durch gute Arbeit im Haushalt bei Stimmung halten und zu Höchstleistungen auf dem grünen Rasen anspornen können.

II. Fußballsport als Freizeit: Die Zuschauer

> »Wer ohne Leidenschaft lebt, lebt nicht;
> wer sie immer meistert, lebt halb;
> wer an ihr zugrunde geht, hat wenigstens gelebt.«
> Elias Canetti

1. Das Ritual im Stadion: Der Held und das Opfer

In hochentwickelten Industriegesellschaften lassen sich folgende Trends aufzeigen, die das Verhältnis von Arbeit und Freizeit verändern:

1. Eine weitere Verkürzung der Arbeitszeit für zahlreiche, wenn auch keineswegs alle Berufe.
2. Eine Verkürzung des Berufslebens durch längere Ausbildungszeiten für mehr Menschen und die Einführung einer flexiblen Altersgrenze bei steigender Lebenserwartung.
3. Eine wachsende Bedeutung jener freien Zeit, die in der Umgangssprache stark vereinfacht und deshalb nicht korrekt als »Freizeit« bezeichnet wird.

Die konventionelle Sozialforschung geht von dem Begriffspaar Arbeit und Freizeit aus. Je nach dem politischen Standort des Wissenschaftlers wird die Funktion der Freizeit unterschiedlich interpretiert: als physische Reproduktion der menschlichen Arbeitskraft, ferner als Verdoppelung des Wertsystems industrieller Arbeit sowie als Versuch, das im Berufsleben eingeengte schöpferische Potential zu entfalten. In einem der interessantesten Ansätze neuerer Freizeitforschung werden die ideologisch besetzten Begriffe Arbeit und Freizeit durch einen einzigen ersetzt, den der Handlungszeit.[1] Danach ist zwischen der *determinierten (festge-*

---

1 Horst W. Opaschowski: *Freizeitforschung ohne soziale Phantasie — Kritische Analyse und Versuch einer Neuorientierung,* in: *Frankfurter Hefte* 5/1973.

legten) Handlungszeit — darunter fällt insbesondere die Berufsarbeit —, der *zweckgebundenen* und der *disponiblen (frei verfügbaren) Handlungszeit* zu unterscheiden. Zweckgebundene Zeit — zuerst von Joffre Dumazedier als demi-loisir, als Halbfreiheit bezeichnet — sind beispielsweise familiäre und soziale Verpflichtungen, deren Art, Ziel und Dauer der Einzelne im Gegensatz zur eigentlichen Arbeitszeit selbst bestimmen kann. Lediglich die disponible Handlungszeit ist letztlich »*freie Zeit*« in dem fälschlicherweise als Freizeit bezeichneten Sinne. In ihr kann das Individuum seinen Interessen nachgehen, unabhängig von bestehenden Verpflichtungen.

Dieser Ansatz verdeutlicht folgende Einsichten: die Gleichsetzung von arbeitsfreier Zeit und Freizeit ist empirisch falsch. Das heißt die meisten Arbeitnehmer haben keineswegs soviel »Freizeit« wie eine popularisierte oder an kommerzielle Auftragsforschung gebundene Sozialforschung ihnen einreden möchte. Andererseits ist die kulturkritische These von der Manipulation der Menschen auch und gerade in ihrer freien Zeit (Konsumzwang) empirisch nirgends belegt. Was wir wissen, ist nur dies: mit zunehmender freier Zeit für zahlreiche Berufe nimmt die Zahl der aktiven Sportler auffallend zu, ebenso das Interesse am Sport insgesamt. Drei grundlegende Fakten belegen die dominierende Rolle des Sports im Freizeitbereich und die führende Rolle des Fußballspiels innerhalb des Sports:

1. Der Deutsche Fußball-Bund hat unter allen bundesrepublikanischen Sportverbänden die meisten Mitglieder; inzwischen über 3 Millionen. Die neun größten Verbände waren im Jahre 1971:

1. Deutscher Fußball-Bund	2 938 000
2. Deutscher Turner-Bund	2 360 000
3. Deutscher Schützenbund	724 000
4. Deutscher Leichtathletik-Verband	636 000
5. Deutscher Schwimm-Verband	467 000

6. Deutscher Handball-Bund	418 000
7. Deutscher Tennis-Bund	389 000
8. Deutscher Tisch-Tennis-Bund	330 000
9. Deutscher Skiverband	248 000

Der DFB ist der größte Fußball-Fachverband der Welt. Seine Mitgliederzahl betrug 1972: 3 084 901 Mitglieder; darunter 111 579 Frauen, von denen 25 000 - 30 000 in 1788 Fußball-Frauen-Mannschaften spielen. In der Saison 1974/75 wird zum erstenmal eine Deutsche Fußballmeisterschaft der Frauen ausgetragen. In Schweden — vom Alkoholkonsum bis zum akademischen Proletariat der Bundesrepublik immer um einen Schritt voraus — gibt es bereits 600 Frauen-Mannschaften bei nur acht Millionen Einwohnern. Allein 30 von ihnen spielen in Stockholm.

2. Die Fachverbände weisen in ihrer Mitgliederentwicklung eine durchschnittliche Zuwachsrate von 5,7 % pro Jahr auf, eine Zahl, die annähernd auch für den Deutschen Fuball-Bund gilt. Zweistellige Werte erreichen die modernen Fünfkämpfer, die Sporttaucher, Badminton, Basketball, Eissport, Fechten, Judo, Reiten, Segeln, Tanzsport und Tennis. Bei den Ruderern und Wasserskisportlern hingegen ist die Tendenz rückläufig, während bei den Schwerathleten ein Sättigungsgrad erreicht scheint. An der Spitze liegt allerdings Volleyball mit einer Zuwachsrate von 90,8 % oder 21 905 Personen. Interessanterweise sind die Mitgliederzahlen des Deutschen Sportbundes erst in den letzten Jahren deutlich gestiegen:

1954	3,7 Mill.
1956	4 Mill.
1966	7 Mill.
1967	8 Mill.
1969	9 Mill.
1970	10,1 Mill.
1972	11,5 Mill.
1973	12 Mill.

Der Anteil an der Gesamtbevölkerung stieg dabei von 7,2 %
(1954) auf 19 % (1972), die in 40 000 Vereinen organisiert
sind.[2]

3. Keine Sportart zieht in der Bundesrepublik über einen
längeren Zeitraum so viele Zuschauer an wie der Fußballsport. Dies gilt sowohl für die Stadien als auch für das
Fernsehen. Olympische Spiele finden nur alle vier Jahre
statt, im eigenen Land nur alle 36 Jahre. Grob unterteilt,
lassen sich die Zuschauer idealtypisch in drei Kategorien
aufteilen:

a) das Stammpublikum
b) das kritische Publikum
c) das reine Fernsehpublikum.

Untersucht man das Stammpublikum genauer, so ergibt sich
eine positive Korrelation zwischen der Zahl des Stammpublikums und der Konzentration von Arbeitnehmern in
einer eng eingegrenzten Region. Mit der zumindest äußer-
lichen Emanzipation des Arbeiters von den Charakteristiken
des klassischen Proletariats (Verelendung, materielle Armut)
geht die Zahl der Zuschauer in den Stadien zurück. Es ist
kein Zufall, daß die nahezu regelmäßig gut besuchten Stadien in Regionen liegen, in denen der Anteil abhängiger
Arbeitnehmer besonders hoch ist und diese darüber hinaus
auf besonders engem Raum zusammenleben. Dort also, wo
sich ein proletaroides Milieu am längsten hat behaupten
können. Süditalien, das Ruhrgebiet, die britischen Industrie-
städte, Barcelona und Madrid sowie Brasilien sind als Beispiele zu nennen.

Neben der Professionalisierung ist die *Internationalisierung,*
die relativ schnelle Verbreitung in nahezu allen Ländern der
Welt, das hervorstechendste Merkmal des modernen Fußballsports. Beide Trends sind unter anderem eine Folge zu-

---

2 Quelle für alle Zahlenangaben: Bestandserhebung des Deutschen Sportbundes (DSB) 1972. Zitiert nach *Frankfurter Allgemeine Zeitung,* 15. 2. 1973.

nehmender Industrialisierung in immer mehr Gebieten der Erde. Dadurch werden Naturwissenschaft und Fußball zu den einzigen *globalen* Verständigungsmitteln der Gegenwart.[3]

Ungeachtet dessen unterscheiden sich die Funktionen des Fußballsports in den einzelnen Ländern. Sozio-ökonomische und sozio-kulturelle Faktoren dürften die entscheidende Ursache sein. Für einen brasilianischen Arbeitnehmer mit niedrigerem Durchschnittseinkommen und infolgedessen einer geringeren Zahl von Alternativen der Freizeitgestaltung, spielt er eine andere Rolle als für westdeutsche Fans. Um so überraschender ist jedoch die Begeisterung für den Fußballsport gerade in der Bundesrepublik mit ihrem verwirrenden Angebot an anderen Möglichkeiten, seine freie Zeit auszufüllen. Vielleicht resultiert gerade aus dieser Verwirung die Faszination des Banalen. Das Interesse für den Fußballsport verteilt sich, wie wir aus einer der wenigen empirischen Studien wissen, über alle Schichten.[4] Golf ist entgegen allen anderslautenden Gerüchten nach wie vor der exklusive Sport einer Oberschicht, Tennis wird immer mehr der einer nach oben strebenden Mittelschicht, und das Rekrutierungsfeld von Boxern und Ringern bildet weiterhin vor allem die Unterschicht. Neben dieser sozialen Offenheit gegenüber Aktiven und Zuschauern gibt es auch keine biologische Determinierung im Fußballsport. Ein Gewichtheber ist häufig ein unästhetischer Riese und ein erfolgreicher Jockey ein Zwerg. Ein Handball- und insbesondere ein Baseballspieler muß besonders groß, ein Ruderer »stark« und ein Rugbyspieler extrem robust sein. Im Fußball herrschen andere Bedingungen. Große Spieler beispielsweise

3 Vgl. hierzu auch Norbert Elias in Eric Dunning (ed.): *The Sociology of Sport*, London 1971.
4 Günther Lüschen: *Soziale Schichtung und soziale Mobilität bei jungen Sportlern*, in: *Kölner Zeitschrift für Soziologie und Sozialpsychologie* 15/1963.

sind zwar bei Kopfbällen überlegen, dafür auf schlecht bespielbaren Plätzen meist hilflos.

Der Fußballstar der Gegenwart »gehört« allen. Je berühmter er ist, desto geringer ist sein direkter Kontakt zum Publikum. Die Präsentation der Idole erfolgt über Medien. Ist die Bewunderung der heutigen Freizeit-Helden nicht das sozialisierte Erbe jenes traditionellen bürgerlichen Geniekultes, dessen Funktion es war, die Integration, die Identifikation, die kulturelle und damit soziale Reproduktion einer Klasse sicherzustellen?

Die *integrative Funktion* des Fußballsports spielt jedoch in der Bundesrepublik eine wesentlich geringere Rolle als beispielsweise in Brasilien. In Deutschland hat sich der Fußballsport vom Zeitvertreib der Unterschicht zur gesellschaftlich wichtigsten Sportdisziplin emanzipiert. Zahlreiche Brasilianer hingegen betrachten den Fußball, der bis zur Sklavenbefreiung im Jahre 1888 ein Spiel der weißen Herren des Landes war, als ein Symbol *ihrer* Emanzipation. Der brasilianische Fußballsport wurde neben der katholischen Kirche und einer gigantischen Technologie zum entscheidenden Integrationsfaktor einer Gesellschaft, die ihre Rassenprobleme durch die Reduktion auf soziale Gegensätze »gelöst« hat. Dennoch erscheint es zu einfach, das gebrochene Verhältnis Brasiliens zur Demokratie dem Fußballsport anzulasten. Oder überspitzt formuliert: Wäre Brasilien eine Demokratie, wenn Pelé ein Deutscher wäre?

Zumindest aus Großbritannien wissen wir, daß etwa seit 1890 zwischen der Subkultur der Arbeiter und den Spielern, die etwa seit jener Zeit selbst aus der Arbeiterklasse kamen, enge Verbindungen bestanden haben. Arbeiter sahen in »ihren« Spielern, die damals kaum mehr verdienten als sie selbst, die öffentlichen Repräsentanten ihrer Klasse.[5] Ob

---

5 Ian Taylor: *»Football Mad«: A Speculative Sociology of Football Hooliganism,* in: Dunning 1971.

dies in Deutschland jemals so gewesen ist, könnte nur eine detaillierte Studie klären. In Großbritannien haben sich die Beziehungen inzwischen verändert. Restgruppen eines Proletariats, so argumentiert Ian Taylor, bäumen sich gegen die Verbürgerlichung ihres Sports auf. Insbesondere in der Zusammensetzung des Managements, aber auch in der heterogenen sozialen, regionalen und nationalen Herkunft der Spieler sehen sie diese Entfremdung von ihrem Identifikationsobjekt bestätigt. Von der unterschiedlichen materiellen Entschädigung der jeweiligen Arbeit ganz zu schweigen. Randgruppen der Arbeiterklasse fühlen sich betrogen; Taylor interpretiert ihren gewaltsamen Unmut als »demokratischen« Protest. Diese These ist interessant und informativ. Ich halte sie dennoch für falsch. Sie unterstellt die Kontinuität eines Bewußtseins innerhalb der Subkultur, die nicht zu belegen ist. Die Gewalt der Fans innerhalb und außerhalb der Stadien (z. B. in den Zügen auf der Heimfahrt) hat m. E. andere, gesamtgesellschaftliche Ursachen. Rowdytum gibt es auch bei Konzerten, in größeren Städten bedarf es dazu häufig überhaupt keines offiziellen Anlasses.

Die Existenz eines Stammpublikums auf dem Fußballplatz ist jedoch auch in der Bundesrepublik nicht zu leugnen.

Charakteristisch für das Stammpublikum ist die Anhänglichkeit an einen bestimmten Verein. Vereinsfanatismus wird nicht selten »vererbt«. Das Stammpublikum kommt zu jedem Spiel ins Stadion, ganz gleich, wie der Verein am vergangenen Wochenende gespielt hat. In der Regel also geht das vereinsorientierte Publikum alle 14 Tage ins Stadion, zuweilen jedoch reist es mit seiner Mannschaft zu deren Auswärtsspielen. Insbesondere im Ruhrgebiet ist dieser »Dienst« an dem Verein mit relativ geringen Kosten verbunden.

Selbst bei einem Abstieg in die nächst niedrige Klasse bleibt zumindest der Kern des Stammpublikums seiner Mannschaft treu.

Noch heute soll es in München mehr »Sechziger«-Fans geben als Anhänger des FC Bayern, mehr Personen also, die nach wie vor von der glorreichen Vergangenheit der Mannschaft von 1860 München zehren. Sie hat im Gegensatz zu den Bayern seit Gründung der Bundesliga in der höchsten Klasse gespielt — bis zu ihrem Abstieg im Jahr 1970.

Ist das Stammpublikum primär vereinsorientiert, so ist das kritische Publikum ausgesprochen leistungsorientiert.

Es handelt sich um verbraucherbewußte Zuschauergruppen, die für ihr gutes Geld eine entsprechende Leistung erwarten. Bleibt sie aus, so sanktionieren kritische Zuschauer diese Tatsache umgehend damit, daß sie sich für eine gewisse Zeit nicht mehr im Stadion blicken lassen. Nicht selten wird aus dieser vorübergehenden Untreue eine Scheidung auf Dauer. Die Grenzen vom kritischen Publikum zum reinen Fernsehpublikum sind fließend. Das reine Fernsehpublikum setzt sich im wesentlichen aus zwei großen Gruppen zusammen:

a) den regional benachteiligten Fußballanhängern in Orten, die weder selbst noch in zumutbarer Nähe eine halbwegs attraktive Mannschaft aufbieten können.

b) aus begeisterten Fernsehzuschauern, die kaum eine Sendung auslassen und Fußball als eine Show neben anderen betrachten. Sie identifizieren sich am ehesten mit einem Star wie Wim Thoelke, der dann auch folgerichtig den Sprung vom »Aktuellen Sportstudio« des ZDF zur Showsendung »3 x 9« gewagt und gewonnen hat.

Die reinen Fernsehzuschauer sind gegenüber schlechten Spielen besonders kritisch, weil sie nie oder jedenfalls schon sehr lange nicht mehr ein Spiel im Stadion miterlebt haben und ihre Maßstäbe nahezu ausschließlich von den Spielen gewinnen, die im Fernsehen — häufig noch reduziert auf die spannendsten Szenen — übertragen werden.

Die Chance für die Vereine liegt nun darin, daß aus reinen Fernsehzuschauern zumindest wählerische, kritische Zuschauer werden, die ab und zu bei einem »großen Spiel« dabei sein möchten. Mobilität in dieser Richtung ist durchaus nachweisbar. Insofern greift die vordergründige Kritik am bösen Fernsehen, das die lieben Zuschauer aus dem Stadion entführt, ein wenig zu kurz.

Ja, man kann diesen Vorwurf sogar umdrehen und die These vertreten, ohne die gelegentliche Übertragung eines großen Fußballspiels vor rund 20 Millionen Fernsehzuschauern wäre die Begeisterung für diese Sportart längst passé.

Schaubild: Präferenzskala der Zuschauer bei Fußballspielen.

| | Orientierung | | |
Art des Publikums	vereins-orientiert	leistungs-orientiert	show-orientiert
Stammpublikum	1	3	2
Kritisches Publikum	3	1	2
reines Fernsehpublikum	3	2	1

Zu dem Stammpublikum gehören überdurchschnittlich viele ledige junge Männer, die über ein höheres Einkommen verfügen. Sie sind in vielen Fällen zugleich Mitglied eines Sportvereins. 30 % aller Bundesbürger haben 1972 ein Fußballspiel gesehen, nur 19 % interessierten sich für alle anderen Sportarten zusammen. Knapp 40 % der Männer und rund 80 % der Frauen waren im Jahr 1972 bei gar keiner Sportveranstaltung.[6]

Seit Gründung der Bundesliga kamen insgesamt über 61 Millionen Zuschauer ins Stadion. Auf die zehn Spielzeiten verteilen sie sich wie folgt:[7]

6 Quelle: Infas-Institut, zitiert nach *Frankfurter Allgemeine Zeitung*, 7. 4. 1973.
7 Quelle: *Sport-Informationsdienst* (sid), Düsseldorf. Zitiert nach *Süddeutsche Zeitung*, 12. 6. 1973.

Saison	Zuschauer insgesamt	Durchschnitt pro Spiel
1963/64	6 057 355	25 239
1964/65	6 464 213	26 934
1965/66	7 094 666	23 185
1966/67	7 129 485	23 299
1967/68	6 147 508	20 090
1968/69	6 459 259	21 109
1969/70	5 876 967	19 206
1970/71	6 225 855	20 345
1971/72	5 391 168	17 610
1972/73	5 012 936	16 381

Der Zuschauerdurchschnitt in einigen Regionalligen betrug: 6610 im Süden, 5236 im Westen, 2800 im Norden und 812 in Berlin.

Die Entwicklung der Zuschauerzahlen in der Bundesliga lassen den Pessimismus professioneller Kritiker aus meiner Sicht keineswegs berechtigt erscheinen. Eher müßte man erstaunt sein, daß trotz des Skandals, der Olympischen Spiele im eigenen Lande und gewisser Abnutzungserscheinungen nach 10 Jahren des gleichen Spielsystems noch immer so viele Zuschauer in die Stadien strömen.

Unter den Zuschauern im Stadion findet eine Rollenaufteilung statt zwischen den Experten, den Mäzenen, den professionellen Nörglern, den Zynikern und den Fanatikern. Der Experte kennt alle Ergebnisse und Aufstellungen, auch die vergangener Jahre. In der Variante A fühlt er sich dem Trainer verwandt; in der Variante B spielt er dessen Rolle, selbstverständlich besser, versteht sich. Der Experte in dieser ausgeprägten Form ist übrigens viel seltener als gemeinhin angenommen wird. Oberflächliche Experten sind natürlich die meisten Zuschauer. So etwas verbindet.

Seltener ist der Mäzen, der vor Jahren wenn auch nicht dem

Fritz, so doch dem Ottmar Walter ein Bier spendieren durfte und sich seitdem als Gönner fühlen darf. Sitzt er auf der Tribüne, so hat er zuweilen schon mehr gestiftet als nur ein Bier. Meist kennt er einen der Spieler persönlich, zugegeben, er ist noch Ersatzspieler; manchmal kennt er auch einen, der wiederum einen anderen Spieler kennt.

Schließlich tritt der professionelle Nörgler auf, der nur erscheint, um seine Vorurteile seinem Nachbarn auch ungefragt zu servieren. Er hat sich zu viele gute Spiele im Fernsehen angeschaut. Bereits zur Halbzeit erklärt er, dies sei »sein« letztes Spiel in diesem Stadion. Man trifft ihn garantiert beim nächsten Mal wieder.

Der Zyniker kommt, um oft einfallsreiche Stichworte zu geben. Er spielt wie alle Zuschauer mit, doch viel intensiver. Bei einem mäßigen Spiel lohnt es sich, ihn als Nachbarn zu haben. Dann ist er der interessanteste Akteur im Stadion.

Es bleiben die Fanatiker, die organisierten Gruppen der harten Fans wie die Frösche des Berliner Klubs Hertha BSC. Diese Minderheit prägt im wesentlichen das negative Bild vom Fußballsport. Der Mehrheit sachkundiger Zuschauer im Stadion und sachlich interessierter am Bildschirm wird hingegen in kritischen Analysen kaum Aufmerksamkeit geschenkt.

Sie sind anstrengend, jedoch an ihren Fahnen zu erkennen. so daß man sie aus der Distanz beobachten kann. Freunde des Alkohols sind in allen Gruppen anzutreffen, desgleichen die des Radiohörens. Doch letztlich bilden fast alle Zuschauer, zumal bei einem interessanten Spiel, eine Einheit.

Das Publikum im Stadion hat für ein Fußballspiel zentrale Bedeutung. Denn der professionelle Fußball, und von ihm ist in diesem Buch vor allem die Rede, ist weit mehr als ein Spiel von 25 Akteuren auf dem Rasen, weit mehr auch als ein nüchternes Geschäft, etwas anderes als eine bloße Show. Es ist dies alles zusammen und gleichzeitig mehr. Ein Fußballspiel ist ein Ritus. Die Regeln sind vorgegeben, die

Rollen verteilt; zuweilen werden sie auch während des Spiels zugeteilt oder getauscht. Die Spieler auf dem Rasen sind ebenso Bestandteil dieses Ritus wie die Zuschauer. Die Zuschauer wählen das Opfer und sie haben Einfluß auf die Wahl des Helden. Zuweilen kommt die emotionale Wahl durch ein subtiles Zusammenspiel der beiden Mannschaften zustande.

Am 23. Juni 1973 standen sich im Düsseldorfer Rheinstadion Borussia Mönchengladbach und der 1. FC Köln im Endspiel um den Deutschen Fußball-Pokal gegenüber.

Das Opfer des Spiels hieß Wolfgang Overath, der zu jenem Zeitpunkt bereits fast siebzigmal für die deutsche Nationalmannschaft gespielt hatte. Von Beginn des Spiels an wurde er ausgepfiffen, sobald er in Ballbesitz kam. Und zu den Aufgaben eines Regisseurs gehört es, recht häufig den Ball gezielt zu verteilen. Das Opfer wurde den Zuschauern ganz offen präsentiert: in der 70. Minute des Spiels ließ sich Overath auswechseln; mit Wadenkrämpfen, wie es offiziell hieß. Welcher Spieler litt nicht darunter in diesem großen, kräfteverzehrenden Kampf bei schwüler Witterung. Nach Overaths Abgang verlor das Spiel der Kölner an Zusammenhang; es zeigte sich, wie wertvoll selbst ein mittelmäßiger Overath ist.

Etwa zu jenem Zeitpunkt begann der Ruf nach dem Helden. Mönchengladbachs Trainer wollte Netzer nur in den letzten 30 Minuten des Spiels einsetzen. Das wiederum mißfiel dem Star, der erst in der Verlängerung als Retter erschien. Nach einem Doppelpaßspiel schoß er, noch nicht drei Minuten auf dem Feld, das entscheidende Tor. Ein Tor, das dem Verein bei günstiger Auslosung und einigem Erfolg mehr als eine Million DM im Europapokal der Pokalsieger einbringen wird.[8] Netzer, sonst eher zurückhaltend und Distanz

8 Bereits das Spiel im Achtelfinale gegen die Glasgow Rangers brachte dem Verein die Rekordeinnahme von 450 000 DM. – Netzers Treffer wurde zum »Tor des Jahres« gewählt. Die Fernsehzuschauer wollten das Spiel noch einmal sehen: am Heiligen Abend 1973.

selbst noch auf dem Spielfeld suchend, zeigte seine Freude in einem riesigen Sprung des Siegers. Spätestens in diesem Augenblick wurde Günter Netzer zu einem Mythos.

Er beschämte seinen Trainer und auch den der National-mannschaft, der jahrelang an ihm gezweifelt hatte. Er wurde zum Mythos, weil er die souveräne Zurückhaltung eines Fritz Walter, die Vitalität eines Uwe Seeler und die Ele-ganz eines Franz Beckenbauer gleichzeitig verkörpert und sie integriert zur Persönlichkeit eines rebellischen Genies.

Die Zuschauer hatten ihren Helden gewählt. Während der regulären Spielzeit war dies paradoxerweise deshalb schwie-rig, weil die meisten Spieler ihre normalen Leistungen bei weitem überboten und auf diese Weise mehrere von ihnen für diese Rolle in Frage kamen. Das Dilemma begann be-reits bei den Torhütern. »Held des Tages« kann, wie schon der Singular es ausdrückt, nur einer sein. In diesem Spiel aber boten beide, Kleff und Welz, überragende Leistungen. Der Torwart und der mehrfache Torschütze eignen sich be-sonders gut für die Rolle des Helden. Ihre Leistung ist exakter zu messen, leichter einsehbar. Opfer und Held können identisch sein, in Ausnahmefällen selbst während desselben Spiels. Libuda begann fast immer als Held, um nicht selten als Opfer das Spiel zu beenden. Er gehört wie der Gladbacher Rupp zu den merkwürdigen Spielern, die in nahezu jedem Spiel entweder hervorragend oder miserabel sind. Da der Gegner das vorher nicht weiß, sind sie in jedem Fall wertvoll für ihr Team.

Der traditionelle Ritus ist ein Opferritus; ein Tier wird ge-schlachtet. Im Fußballstadion spielt die Suche nach dem Opfer eine größere Rolle als die nach dem Helden. Nicht in jedem Spiel gibt es einen Helden, dagegen verläuft ein Fuß-ballspiel selten so, daß sich nicht ein Opfer finden ließe. Zu-weilen auch zwei ... die beiden Mannschaften auf dem Rasen. Ist das Opfer nicht bereits vor dem Spiel bestimmt — zum Beispiel durch die Presse auf dem Wege einer Re-miniszenz an das letzte unfaire Verhalten eines Spielers, durch die Erinnerung an die im Hinspiel erlittene Schmach —, so wird es systematisch aufgebaut. Zuerst soll es verunsichert werden, indem es bei der Bekanntgabe der Mannschaftsaufstellung durch den Stadionlautsprecher ausgepfiffen wird: »Na und?«; sodann, wenn es zum erstenmal im Ballbesitz ist: »Maier, du bist ja nervös.« Als nächstes folgen Hohn und Spott nach einem mißglückten Abschlag, einer schlechten Flanke: »Üben!« Als Zwischenspiel jetzt die selige Erinnerung, im Fußballsport längst vor der Nostalgiewelle erprobt: »Uwe, Uwe«—Rufe werden laut, wenn den Stürmern wenig gelingt. Existenzbedrohend kann der nächste Akt werden, der Ruf nach dem Reservespieler auf der Ersatzbank. Schließlich die letzte, für das Spiel nicht selten tödliche Stufe: die Spieler werden ausgelacht und in Sprechchören zum »Aufhören!« aufgefordert.

Bietet sich ausnahmsweise unter den Spielern keiner als Opfer an — es gibt relativ farblose Mannschaften wie den MSV Duisburg und den Wuppertaler SV, Mannschaften, die so homogen und brav sind, daß sie langweilig werden —, dann bleibt immer noch der Schiedsrichter. Mit ihm begann einst der Opferritus im Fußballstadion; inzwischen verlangen die Zuschauer größere Opfer.

Zwischen dem Publikum und den Spielern herrscht ein Verhältnis voller emotionaler Spannung, einer Emotion, bei der die Pole Verehrung und Verachtung dicht beieinander liegen. Das Publikum ist viel intelligenter als seine Kritiker glauben. Es betrachtet die Spieler und insbesondere die Stars als Produkte der Dienstleistungsindustrie. In den rasant steigenden Eintrittspreisen insbesondere bei wichtigen Spielen findet es seine Meinung bestätigt. Das Auftreten des Stars dient als Lustgewinn. Man ist bereit, ihn begeistert zu feiern, wenn er gut ist, um ihn ebenso schnell zu verfluchen, wenn er versagt. Beides hat seinen Reiz, und in seiner Austauschbarkeit dokumentiert diese Form des Lustgewinns letztlich die Verachtung des Stars durch die Massen. Der Stehplatzbesucher in der Nordkurve weiß sehr wohl, wieviel der Star verdient, welchen Wagen er fährt und welche Häuser er sein eigen nennt. Der Abstand zwischen Publikum und Spielern ist inzwischen so groß geworden, daß eine totale Identifikation immer seltener wird und darüber hinaus zeitlich begrenzt ist.

Der Star wiederum — von wenigen, wenn auch zukunftsweisenden Ausnahmen wie Breitner, Kapellmann und Netzer abgesehen — hat seine neue Rolle noch gar nicht begriffen. Folgerichtig steht er den immer unberechenbarer werdenden Reaktionen des Publikums hilflos gegenüber. Er findet sie ungerecht und verachtet seinerseits die Masse. Nicht immer geschieht dies so deutlich wie durch Franz Beckenbauers schon legendäre Erinnerung an einen Herrn in Brüssel.

Im Grunde gibt es zwischen dem Star und der Masse der Zuschauer nur noch wenig Gemeinsamkeiten. Zwischen der zukünftigen Lebensgestaltung des Stars und der Mehrheit seines Publikums liegen Welten. Natürlich waren Fußballspieler in der Vergangenheit häufig soziale Aufsteiger. Nur vermag ich in dieser Tatsache keinen Vorwurf zu sehen. Unklar bleibt beispielsweise, wie *Die Zeit* einen ironischen Beitrag über den Bundesliga-Fußball unter dem Titel *Die Aufsteiger der Nation* mit der politischen Linie des Blattes in Einklang bringen kann.[9]

Ebenso wie die Behauptung falsch ist, der Fußballsport sei eine Reproduktion der Arbeitswelt, ist die landläufige Unterstellung richtig, Fußball sei die schönste Nebensache der Welt, eben nur ein Spiel.

»Es liegt im Wesen des Fußballspiels wie auch vieler anderer Spiele, daß' die außenstehenden Zuschauer das Gespielte ernst nehmen; das Spiel ist für sie eine Wirklichkeit, es hat Folgen im Leben, etwa in der Ehre, die es bedeutet, daß der begünstigte Verein in einer höheren Spielklasse

9 Horst Vetten: *Die Aufsteiger der Nation,* in: *Die Zeit* Nr. 36/ 1971, Magazin, S. 1–9.

spielt, oder als Gegensatz dazu in der Schande, die es bedeutet, daß der Verein das Schlußlicht bildet und ab-
steigt.«

Wichtig an diesem Satz Peter Handkes scheint mir die Formulierung »*eine* Wirklichkeit«; hieße es die Wirklichkeit,
so paßte er genau in das Konzept jener, die im Fußballsport nichts anderes zu sehen vermögen als ein raffiniertes
Verschleierungsinstrumentarium des Kapitals.

Weder die Nähe zur Arbeitswelt noch die zu einem unver-
bindlichen Spiel charakterisieren die Eigenheit des Fußballsports. Das Spezifische des Fußballsports ist die Vereinigung
von Individuen zur Masse auf Zeit und die Kommunikation
zwischen eben dieser Masse, den Zuschauern und den Spielern auf dem Rasen.

Das Spezifische des Fußballsports ist seine Integrations-
(Individuum — Masse) und seine Kommunikationsfähigkeit
(Masse — Spieler), darüber hinaus seine Spannung. Jene Me-
chanismen der Integration und Kommunikation machen
diese Spannung ebenso aus wie der eigentliche Spielverlauf
auf dem Rasen, ja, sie beeinflussen ihn auf elementare
Weise. »Obwohl die Zuschauer sich körperlich außerhalb
des Spielfelds aufhalten, sind sie wie die Spieler Akti-
visten des Spiels, die zum Spiel gehören, und nicht die passiven, nur zuschauenden Zuschauer im Theater. Sie können,
wie die entsprechende Wendung sagt, anfeuern. Wer könnte
im Theater einen Hamlet zum Handeln anfeuern?«[10]

Alles in allem zeigt ein Fußballspiel — hier als die gesamte
Fußballveranstaltung eines Nachmittags verstanden — Elemente legitimierter Raserei. Das Fußballspiel ist ein Ritus,
ein offiziell zugelassenes, durch Regeln kanalisiertes Sich-
Austoben. Die Entscheidung des zunächst neutralen Zuschauers für eine der beiden Mannschaften zeigt, daß er sich
der geregelten Raserei aller unterwirft. Ihr gegenüber tritt

---

10 Peter Handke: *Die Welt im Fußball*, in: *Ich bin ein Bewohner
des Elfenbeinturms*, Frankfurt 1972, S. 138 u. S. 136.

das Ergebnis eines Spiels ein wenig in den Hintergrund. Die erzielten Tore, die verhängten Elfmeter, die durch Verletzungen ausgeschiedenen Spieler sind Stationen der Eskalation. Am Ende stehen die beiden folgenden Pole: die Forderung nach dem Abbruch in einem schlechten Spiel — die Zuschauer versuchen die Regeln zu sprengen in der berechtigten Annahme, sie seien auch von den Akteuren auf dem Rasen nicht eingehalten worden. Oder das Lied: »So ein Tag, so wunderschön wie heute.«

Elias Canetti hat als erster und am genauesten die archaischen Elemente der Massen in der Gegenwart analysiert. »Festmassen« sind für Canetti »eine Ansammlung von Menschen und eine große Menge von Produziertem, das sie gemeinsam genießen wollen, in einem Zustand der Freude und Erregung.«[11] Doch kennt er auch »Hetzmassen« und im Falle einer Panik »Fluchtmassen«. Über 300 Menschen wurde zu Tode getrampelt, als in einem südamerikanischen Stadion 1963 eine Panik ausbrach. Die Masse auf dem Fußballplatz ist Festmasse und Hetzmasse zugleich. Genießen möchte sie wie die eine, und zuweilen töten wie die andere. Der immer wieder zu hörende Zwischenruf »Mörder, Mörder«, wenn ein Gegner einen Spieler der eigenen Mannschaft hart attackiert oder gar verletzt, bedürfte einer tieferen psychologischen Analyse. Nicht selten ist nach einem Fußballspiel Polizeischutz notwendig, um den Schiedsrichter oder aber die Spieler — in der Regel die der gegnerischen Mannschaft — vor der erregten Masse zu schützen. Während im Zirkus die Gitterstäbe dazu dienen, die Zuschauer vor den wilden Tieren zu schützen, erfüllt der mit Polizisten und Ordnern besetzte Graben im Fußballstadion den Zweck, Spielern und Schiedsrichtern vor den Massen Schutz zu bieten.

Die Zahl der Zuschauer hat nicht selten Einfluß auf die Qualität eines Spiels. Da sich dieser Satz jedoch auch um-

11 Elias Canetti: *Die gespaltene Zukunft,* München 1972, S. 87.

kehren läßt, handelt es sich hier häufig um einen fatalen Kreislauf, dessen Anfang und Ende nicht immer eindeutig auszumachen sind. Testspiele unter Ausschluß der Öffentlichkeit erreichen nur in Ausnahmefällen Niveau und Dramatik. Die Spieler auf dem Rasen brauchen die Massen auf den Rängen. In England geht man aus diesem Grunde soweit, die Preise in den Stadien bewußt niedrig zu halten.

Ein mittelgroßes Fußballfeld fördert den Kontakt zwischen Akteuren und Massen. Der 1. FC Kaiserslautern ist eine solche typische Heimmannschaft, die — frenetisch angefeuert — auf dem heimischen Betzenberg zu Leistungen fähig ist, die sie am folgenden Spieltag in einem fremden Stadion selbst gegen einen schwächeren Gegner auch nicht annähernd erreicht. In der Saison 1973/74 wurde der 1. FC Kaiserslautern plötzlich zur gefürchteten Auswärtsmannschaft. Nicht zuletzt auf diesen unberechenbaren Wandlungen beruht die Faszination des Fußballspiels. Während in der Presse noch über die unerklärliche Heimschwäche des Vereins lamentiert wurde, schlug Kaiserslautern Bayern München mit 7:4 nach einem 1:4-Rückstand bis zur 60. Minute. Für die *Frankfurter Allgemeine Zeitung* war dieses Ereignis gleichzeitig das Ende der herkömmlichen Geschichtsschreibung: »Dieses Spiel wird Geschichte schreiben.«

Ein Fußballspiel vermittelt Spannung inmitten einer Welt, in der der Mensch immer mehr verwaltet und verplant wird. Der Fußballplatz, und das Sportstadion überhaupt, stellt einen der letzten Orte dar, an dem unwiederholbare Auseinandersetzungen stattfinden. Unwiederholbar, das heißt zugleich schicksalhaft. Eine Wiederholung findet nicht statt, es sei denn, elementare Regeln werden eklatant verletzt. Es gilt, hier und jetzt zu gewinnen oder zu verlieren. Sieg oder Niederlage, darum geht es. Einem Unentschieden haftet meist, von rühmlichen Ausnahmen abgesehen, das Odium des Uninteressanten, des Langweiligen, des Nicht-zu-Ende-Geführten an.

Und in der Tat ist der MSV Duisburg, der Verein mit den meisten Unentschieden seit Bestehen der Bundesliga, keine Mannschaft, deren Leistungen die Zuschauer von den Sitzen reißt. Sinnvollerweise sind Unentschieden auch nur in einer langen Meisterschaftssaison möglich. In Pokalkämpfen und in Endspielen muß es einen Sieger geben. Eine Weltmeisterschaft, die damit endete, die beiden besten und gleichwertigen Mannschaften gemeinsam auf Platz eins zu setzen, widerspräche der Logik des Fußballsports. Es geht um die Entscheidung, die den Massen die Identifikation erlaubt. In der Regel die Identifikation mit den Siegern. Das Berliner Publikum, durch die Größe der Stadt nicht *einem* Verein verbunden, ist hierin besonders geübt.

Folgerichtig werden »Freundschaftsspiele« von den Zuschauern nicht als »richtige Spiele« gewertet. Sie widersprechen der Logik des Fußballspiels, sie sind keine ernsthaften Auseinandersetzungen um den Sieg; »es geht um nichts«.

Die einer entwickelten Industriegesellschaft am meisten adäquate Ausdrucksform sind Film und Fernsehen[12], das einer demokratischen Gesellschaftsform am ehesten entsprechende Medium ist das Fernsehen. Theater ist, ungeachtet möglicher Fernsehaufzeichnungen, viel mehr Medium der Elite. Das ist, wohlgemerkt, kein Argument gegen das Theater schlechthin, es ist lediglich eine Aussage über seine Möglichkeiten und Grenzen.

Es geht nicht darum, Theater zu »entlarven«, in einer modisch gewordenen Attitüde es ersatzlos der Vergangenheit zu überantworten. Es geht darum, die bürgerliche Wertorientierung, Theater ist Kunst, Kino ist Unterhaltung und Sport ist Unterhaltung für die, die von beiden wenig oder nichts verstehen, diese bürgerliche Wertorientierung zu relativieren. Entspricht diese Dreigliederung nicht dem Status-Denken eines Bildungsbürgertums? Und, das scheint

---

12 Vgl. hierzu auch Ror Wolf in *Über Ror Wolf*. Hrsg. von Lothar Baier, Frankfurt 1972, S. 152 ff.

mir die entscheidende Frage zu sein, nach welchen Maßstäben wurden hier Werte geordnet? Warum wird das Theater durch staatliche Subventionen künstlich am Leben gehalten, und warum hat der experimentelle Film so geringe Chancen in diesem Land?

Der Film also hat die Rolle des Theaters nicht übernommen aus Gründen, an denen unter anderen vielleicht auch die Filmemacher selbst nicht ganz unschuldig sind.

Konservative Kritiker sehen, sollten diese Thesen Verbreitung finden, den schmalen Rest an Tradition bedroht; ihre progressiven Kollegen sehen in der Analyse des Fußballsports, die so verfährt wie ein Fußballspiel in der Regel verläuft — also ohne daß zuvor das (negative) Ergebnis feststeht — bereits die Gefahr einer Rechtfertigung. Werden hier nicht die Massen bewußt irregeleitet, abgelenkt vom traurigen Arbeitsalltag?

Der Fußballsport hat, wenn nicht alles täuscht, eine dem Theater vergleichbare Funktion eingenommen. Er ist eine Form zeitgenössischen Theaters und nicht nur, wie ein liebgewordenes Vorurteil uns zu suggerieren versucht, ein Theater der unteren Schichten. Fußball ist ein Rollenspiel, »dem Theater der Antike vergleichbar«.[13]

Aspekte des Mythos im modernen Sport sind sowohl bei den Aktiven als auch bei den Zuschauern zu beobachten. Dem Wunsch der Athleten, Außergewöhnliches zu erreichen — eine These, die sich für Einzeldisziplinen des Sports noch leichter belegen läßt (Autorennen, Stierkampf, Boxen) — entspricht die Sehnsucht des Publikums nach stellvertretender »Größe«. Sie ist historisch keineswegs neu und durchaus legitim; darüber hinaus wirkt sie im Bereich des Sports weniger unangenehm als im politischen Bereich. Sie gibt dem Menschen *das Recht*, selbst »normal« zu bleiben, sie entlastet ihn vom Erfolgszwang. Keine der uns bekannten Gesellschaften ist ohne Vorbilder, Idole oder Stars ausgekommen.

13 Vgl. hierzu insbesondere Hans Lenk: *Leistungssport: Ideologie oder Mythos?* Stuttgart 1972 sowie die dort verarbeitete Literatur.

FAZIT DER NAMEN: NOSTALGIE

Deutscher Meister/Deutscher Pokalsieger

1960	Hamburger SV/Borussia Mönchengladbach
1961	1. FC Nürnberg/Werder Bremen
1962	1. FC Köln/1. FC Nürnberg
1963	Borussia Dortmund/Hamburger SV
1964	1. FC Köln/1860 München
1965	Werder Bremen/Borussia Dortmund
1966	1860 München/Bayern München
1967	Eintracht Braunschweig/Bayern München
1968	1. FC Nürnberg/1. FC Köln
1969	Bayern München/Bayern München
1970	Borussia Mönchengladbach/Offenbacher Kickers
1971	Borussia Mönchengladbach/Bayern München
1972	Bayern München/Schalke 04
1973	Bayern München/Borussia Mönchengladbach

Fußballer des Jahres
BRD/Europa

1960	Uwe Seeler/Luis Suarez (Spanien)
1961	Max Morlock/Omar Sivori (Italien)
1962	Karl-Heinz Schnellinger/Josef Masopust (CSSR)
1963	Hans Schäfer/Lew Jaschin (UdSSR)
1964	Uwe Seeler/Denis Law (Schottland)
1965	Hans Tilkowski/Eusebio (Portugal)
1966	Franz Beckenbauer/Bobby Charlton (England)
1967	Gerd Müller/Florian Albert (Ungarn)
1968	Franz Beckenbauer/George Best (Nordirland)
1969	Gerd Müller/Gianni Rivera (Italien)
1970	Uwe Seeler/Gerd Müller (BRD)
1971	Hans-Hubert Vogts/Johan Cruyff (Niederlande)
1972	Günter Netzer/Franz Beckenbauer (BRD)
1973	Günter Netzer/Johan Cruyff (Niederlande)

FAZIT IN ZAHLEN: ZEHN JAHRE BUNDESLIGA

	TABELLENSTAND										GESAMTBILANZ					
	64	65	66	67	68	69	70	71	72	73	Sp.	g.	u.	v.	Tore	Punkte
1. 1. FC Köln	1	2	5	7	4	13	4	11	4	2	332	156	84	92	640:471	396-268
2. Bay. München	–	–	3	6	5	1	2	2	1	1	272	159	54	59	618:314	372-172
3. Etr. Frankfurt	3	8	7	4	6	8	8	15	5	8	332	140	72	120	571:513	352-312
4. Werd. Bremen	10	1	4	16	2	9	11	10	11	11	332	132	83	117	551:494	347-317
5. MSV Duisburg	2	7	8	11	7	12	15	7	14	10	332	113	106	113	485:469	332-332
6. VfB Stuttgart	5	12	11	12	8	5	7	12	8	6	332	128	76	128	540:532	332-332
7. Braunschweig	11	9	10	1	9	4	16	4	12	17	332	119	90	123	427:447	328-336
8. M'gladbach	–	–	13	8	3	3	1	1	3	5	272	127	71	74	577:373	325-219
9. Hamburger SV	6	11	9	14	13	6	6	5	10	14	332	117	91	124	538:558	325-339
10. FC Schalke 04	8	16	14	15	15	7	9	6	2	15	332	126	71	135	462:509	323-341
11. Kaiserslaut.	12	13	15	5	16	15	10	8	7	9	332	113	82	137	473:576	308-356
12. Bor. Dortmund	4	3	2	3	14	16	5	13	17	–	298	116	69	113	537:505	301-295
13. Hannover 96	–	5	12	9	10	11	13	9	16	16	302	100	75	127	447:486	275-329
14. 1860 München	7	4	1	2	12	10	17	–	–	–	230	97	55	78	416:341	249-211
15. Hertha BSC	14	14	–	–	–	14	3	5	6	13	230	89	56	85	343:369	234-226
16. 1. FC Nürnberg	9	6	6	10	1	17	–	–	–	–	196	76	58	62	302:279	210-182
17. Karlsruher SC	13	15	16	13	18	–	–	–	–	–	162	43	34	85	210:320	120-204
18. Oberhausen	–	–	–	–	–	–	14	16	15	18	136	36	31	69	182:281	103-169
19. Düsseldorf	–	–	–	17	–	–	–	–	13	3	102	34	29	39	146:164	97-107
20. Kick. Offenbach	–	–	–	–	18	–	17	–	–	7	102	33	24	45	152:184	90-114
21. Alem. Aachen	–	–	–	–	11	2	18	–	–	–	102	34	21	47	140:200	89-115
22. RW Essen	–	–	–	18	–	–	–	12	18	–	102	21	37	44	124:175	79-125
23. Neunkirchen	–	10	17	–	17	–	–	–	–	–	98	25	18	55	109:223	68-128
24. Vfl Bochum	–	–	–	–	–	–	–	–	9	12	68	25	15	28	109:137	65-71
25. Arm. Bielefeld	–	–	–	–	–	–	14	18	–	–	68	18	12	38	75:128	48-88
26. Wuppertal	–	–	–	–	–	–	–	–	–	4	34	15	10	9	62:49	40-28
27. Pr. Münster	15	–	–	–	–	–	–	–	–	–	30	7	9	14	34:52	23-57
28. Saarbrücken	16	–	–	–	–	–	–	–	–	–	30	6	5	19	44:72	17-43
29. Tas. Berlin	–	–	18	–	–	–	–	–	–	–	34	2	4	28	15:108	8-60

2. Die Show im Fernsehen

a. Die Verbesserung des Originals durch die Kopie

Ein Charakteristikum der Masse sei es, so hat Canetti geschrieben[1], immer mehr ins Unermeßliche wachsen zu wollen. Die Kapazität eines europäischen Stadions beträgt maximal 100 000, die eines südamerikanischen nahezu das Doppelte. Als selbst diese Kapazität nicht mehr ausreichte, kam dem Fußballsport eine technische Neuerung zu Hilfe. Das Medium Fernsehen macht es möglich, Canettis Vision zu Ende zu denken: das Anwachsen der Masse ins Unermeßliche, verteilt auf einige hundert Millionen Fernsehapparate. Dadurch wird aus der geschlossenen, in ihrem Wachstum begrenzten Masse eine offene Masse.

Auf der Suche nach den verlorenen Zuschauern in den Stadien fanden Funktionäre des Deutschen Fußball-Bundes sehr rasch eine scheinbar einleuchtende Erklärung. Wilhelm Neudecker, Präsident des FC Bayern München, sah im Fernsehen den Feind schlechthin. Erst habe es das Theater zerstört, dann den deutschen Film ruiniert und nun sei es dabei, das Ende des Fußballsports zu beschleunigen. Wußte er, daß an *jedem* Abend mehr als 100 000 Menschen in der Bundesrepublik ins Theater gehen? Der alte deutsche Film hingegen ist tatsächlich unter anderem ein Opfer des Fernsehens geworden; eine Leistung, die dem neuen Medium gar nicht hoch genug angerechnet werden kann. Darüber hinaus ist Fernsehen selbst ja gleichzeitig Film. Eine seiner anspruchsvollsten Serien trägt völlig zu Recht den Titel »Das Filmfestival«.

Doch stellt in der Tat das Fernsehen ein Kernproblem für den Fußballsport dar. Dies um so mehr, als es sich bei der Übertragung eines Spiels nicht einfach um die Reproduktion

1 Elias Canetti: *Masse und Macht,* München 1973 (zuerst Hamburg 1960).

von Realität handelt, sondern um deren qualitative Veränderung. Charakteristisch für eine klassische Reproduktion war das Epigonale an ihr.[2] Mit wachsender Zahl verlor sie an Wert, mochte sie in ihrer Qualität noch so gut sein. Das gilt im Prinzip bis heute. Zwar erlauben moderne Techniken die gleichzeitige Herstellung mehrerer, qualitativ gleichwertiger Originale. Doch ihre Zahl bleibt überschaubar; eine Numerierung sorgt weiterhin für Exklusivität. Reproduktionen von Plastiken und Bildern werden nach wie vor am Wert des Originals gemessen und entsprechend geringer bewertet.

Mit dem Fußballspiel geschieht der gleiche Prozeß des Vergleichs. Nur ist sein Ergebnis ein anderes, eine für den Fußball existenzgefährdende Tatsache: das Original verliert, gemessen an der Kopie, an Qualität. Dem Fernsehen gelingt, so paradox es klingen mag, die Verbesserung der Wirklichkeit. Während der Stadionzuschauer noch auf die Lautsprecheransage wartet, um das zu erfahren, was er eigentlich selbst hätte sehen müssen — den Torschützen —, läuft im Fernsehen bereits die Wiederholung der spannenden Szene. Gezeigt wird das Tor in seinem Entstehungsprozeß, deutlich werden die Fehler der Abwehrspieler und die List der Stürmer, sie auszunutzen. Die Spieler werden in Großaufnahme gezeigt, beim Torschuß, bei der Parade des Torwarts, nach dem verschossenen Elfmeter und bei dem Foul, das zu dem Strafstoß geführt hat; nach dem Spiel in der Kabine oder in einem Interview, während der Stadionzuschauer sich mühsam einen Weg nach Hause bahnt. Dies alles gilt für eine Originalübertragung. Schlimmer noch sind die Folgen bei einer zeitversetzten Wiedergabe mehrerer Spiele in Ausschnitten. Bei einer Originalübertragung ist das Stadion, begrenzt in seiner Kapazität, meist ohnehin ausverkauft. Zu dem überragenden Spiel könnten also gar nicht mehr Zu-

2 Vgl. hierzu Walter Benjamin: *Das Kunstwerk im Zeitalter seiner technischen Reproduzierbarkeit,* Frankfurt 1969[3].

schauer kommen. Die zeitversetzte Zusammenfassung konzentriert sich auf die attraktivsten Spiele eines Nachmittags und zeigt von ihnen wiederum nur die spannendsten Szenen. Gerade in dieser Mischung von vollständiger Originalübertragung und zeitversetzten Kostproben liegt die Gefahr. Der Zuschauer weiß, wie im Prinzip ein Fußballspiel verläuft, sieht es hin und wieder auch ganz gern in voller Länge — doch für einen gewöhnlichen Bundesligaspieltag sind Ausschnitte durchaus genug und nicht selten interessanter. Es handelt sich um einen Prozeß der »Reduktion von Komplexität« im Alltag.

Fußball im Fernsehen signalisiert nicht die Krise des Fußballsports, sondern, aus der Perspektive des Zuschauers, seine qualitative Verbesserung mit Hilfe moderner Techniken und seine quantitative Ausweitung. 85 % der westdeutschen Bevölkerung haben das Endspiel um die Fußballweltmeisterschaft 1966 zwischen England und der Bundesrepublik Deutschland im Fernsehen und im Rundfunk verfolgt. Das Spiel im Rahmen des Europapokals — also nicht das Finale — zwischen Borussia Mönchengladbach und Internationale Mailand am 1. Dezember 1971 in Berlin sahen am heimatlichen Bildschirm 20,5 Millionen Italiener. Die Weltmeisterschaft 1974 in der Bundesrepublik wird voraussichtlich von 800 Millionen Menschen am Bildschirm verfolgt. Selbst bei den Olympischen Spielen — dort sind immerhin nahezu alle Sportarten vertreten — waren es nur 50 % mehr. Im Jahre 1750 lebten auf der ganzen Welt nur rund 750 Millionen Menschen.

Zur documenta 5 — der bedeutendsten Kunstausstellung der Bundesrepublik, wenn nicht Europas — erschienen in 100 Tagen 225 000 Besucher. Das war ein neuer Rekord. 1972.

Die Verbitterung mancher Vereine über das Fernsehen ist nicht zuletzt darauf zurückzuführen, daß es für die Spieler und vor allem die Stars unter ihnen nützlicher ist als für die Vereine selbst. Erst der häufige Fernsehauftritt, nicht selten in ziviler Kleidung, macht aus dem Spieler einen Star und ihn damit für die Werbung interessant und relativ unabhängig von den Launen eines bestimmten Vereins.

Einige Funktionäre selbst wiederum vergessen gern die historische Bedeutung des Fernsehens für den Fußballsport. Ohne dieses Medium wäre eine Professionalisierung in dem jetzt erreichten Ausmaß niemals möglich gewesen. Wo sollte man auch nur einen Teil der 800 Millionen Zuschauer unterbringen, die die Weltmeisterschaft 1974 am Bildschirm verfolgen werden?

Es scheint, als eigne sich der Fußballsport besser als andere Sportarten für das elektronische Medium. Bis 1954 war der Radsport in Italien mindestens ebenso populär wie das Fußballspiel, wenn nicht gar populärer. Bis zu jenem Sommer 1954, in dem zum erstenmal eine Fußballweltmeisterschaft im Fernsehen übertragen wurde. Ähnlich erging es dem Stierkampf in Spanien; er rangiert heute in der Gunst des Publikums an zweiter Stelle. Der Stierkampf, in noch viel stärkerem Maß als das Fußballspiel ein Ritual, eignet sich nicht sonderlich für das Fernsehen. Die mehrfache Zeitlupenaufzeichnung einiger Tore ist informativ, der theoretisch ebenfalls beliebig wiederholbare Todesstoß hingegen wäre stillos. Verstößt er doch gerade gegen das Gebot, von dessen Einhaltung nicht zuletzt die Qualität eines Stierkampfes abhängt: das Tier mit einem einzigen gezielten Stoß zu töten. Der Tod in der Arena ist im Gegensatz zum Torschuß im Stadion endgültig. Dennoch sind die Parallelen zwischen einem Stierkampf und einem Fußballspiel unübersehbar. In beiden Fällen handelt es sich um ein Ritual. José Altafini, Star von Juventus Turin und gebürtiger Brasilianer, formuliert es so: »Es herrscht eine Atmosphäre wie bei einem Stierkampf, die Nachmittagssonne und der Schatten, die Stunde der Wahrheit. Es gibt keine Hörner, aber dafür lauern andere Gefahren.«[3]

Die Funktionäre des Fußballsports haben die fundamen-

3 *Time*, 4. 6. 1973.

tale Bedeutung des elektronischen Mediums so spät entdeckt, daß sie sich ihm gegenüber heute bereits in der Defensive befinden. Zu den Kämpfen zwischen verschiedenen Mannschaften kommt auf einer anderen Ebene eine Auseinandersetzung von grundlegender Bedeutung hinzu: die zwischen der FIFA, der UEFA, dem DFB und dem Fernsehen, das seine Reverenz gegenüber der Stärke eines Fußballverbandes schon dadurch zeigt, daß es ungeachtet aller internen Querelen ihm gegenüber geschlossen auftritt.

Bei den Weltmeisterschaften 1974 erhält der Fußballbund allein für die Fernsehrechte und die Stadionreklame — beide Posten sind ja nicht voneinander zu trennen, weil die Werbung im Stadion erst durch die Übertragung interessant wird — ca. 38 Mill. DM.[4] Durch die Zuschauer im Stadion erhofft er sich eine Einnahme von rund 30 Millionen — bei einer Auslastung der Kapazität von 70 %—, durch die kommerzielle Ausnutzung von Emblemen noch einmal über 10 Mill. DM. Dem stehen 20 Millionen reine Organisationskosten gegenüber und 250 Millionen für den Umbau und den Neubau von Stadien, die — ohnehin mit 50 Millionen vom Bund, weiteren Beträgen der jeweiligen Länder und der Glücksspirale subventioniert — später in vielfältiger Form an die Städte zurückfließen. Die Olympischen Spiele kosteten demgegenüber fast eine Milliarde DM. Die Zahl der Mitarbeiter des neunköpfigen Organisationskomitees für die Fußballweltmeisterschaft betrug im Sommer 1972 32 und wird bis zu Beginn des Turniers auf 70 steigen gegenüber mehr als 1000 in München.

Von den Gesamteinnahmen erhält der Deutsche Fußball-Bund 25%, der Weltfußballverband (FIFA) 10%. Der Rest, das heißt der größte Teil wird je nach Erfolg auf die übrigen

---

4 Quelle: Peter Bizer/Sven Simon: *Die Fußballweltmeisterschaft '74,* München 1974. — Die Fernsehanstalten zahlen 18 Mill. DM; die Vermietung der Werbeflächen in den Stadien bringt ca. 20 Mill. DM ein.

15 teilnehmenden Verbände verteilt. Bei einem Betrag von rund 55 Millionen DM braucht niemand zu darben.

Im hier diskutierten Zusammenhang ist vor allem die Relation zwischen den Honoraren durch Fernsehen inclusive Stadionwerbung, den Erträgen aus der Vergabe anderer Werberechte und den Einnahmen durch die Zuschauer von Interesse. Noch beträgt sie rund 4:1:3. Doch zeigt ein Blick auf die angeführten Kosten, daß sich bereits heute Weltmeisterschaften ohne Stadionzuschauer durchführen ließen. Die Fernsehhonorare halten sich in etwa die Waage mit den Organisationskosten, die ohne Zuschauer natürlich noch wesentlicher geringer wären.

Der Deutsche Fußball-Bund mit seinen über drei Millionen Mitgliedern verkörpert Macht. Als autonomer, der ordentlichen Gerichtsbarkeit entzogener Verband ließ er seine Macht nicht selten spielen. Um so überraschter steht er jetzt einer Institution gegenüber, die selber Macht verkörpert und sie mit Hilfe der Presse und der öffentlichen Meinung glänzend auszuspielen versteht. Der Fußballsport ist in Gefahr, vom Fernsehen abhängig zu werden. Kleinere Sportverbände legen die Anfangszeiten ihrer Veranstaltungen schon seit langem nach den Wünschen des Fernsehens fest. Diese Tatsache ist entweder unbekannt oder sie wird ausdrücklich gebilligt, weil auf diese Weise weniger populäre Sportarten überhaupt ins Programm kommen. Während der Weltmeisterschaft in Mexiko 1970 fanden die Fußballspiele um 12 h und um 16 h statt, denn Flutlichtspiele am kühleren Abend waren für das Fernsehen in Europa weniger geeignet.

Der Fußball-Bund müßte zunächst die Bedeutung des Fußballsports für das Fernsehen kennen, um diesem Medium gegenüber selbstbewußter auftreten zu können. Der erneute, mit einiger Sicherheit vorhersehbare Aufschwung des Fußballsports und die Krise des konventionellen Unterhaltungsprogramms fallen zeitlich zusammen. Überspitzt formuliert bedeutet dies: eine bessere *Unterhaltungs*sendung als die Übertragung eines spannenden Fußballspiels kann das Fernsehen seinem Publikum zur Zeit kaum anbieten. »Die Ermüdungserscheinungen bei den Zuschauern gegenüber den klassischen Formen der Fernsehunterhaltung (Show, Quiz, Varieté etc.) machen es notwendig, verstärkt Unterhaltung in Spielform zu entwickeln (Komödie, Schwank, Familienserien, Krimi, Abenteuer etc.)«[5], heißt es dann auch folgerichtig in einer Empfehlung der ARD für Unterhaltungssendungen im Deutschen Fernsehen. Der gegenwärtige bundesrepublikanische Fußballsport wird diesen Anforderungen schon heute weitgehend gerecht. Er ist Komödie und Krimi zugleich, Abenteuer und Schwank und enthält zuweilen auch Elemente einer Familienserie. Die Kremers-Zwillinge wird man jahrelang bringen können und Gewicht haben hierzulande Äußerungen von des Müllers Frau, wenn es darum geht, sich zwischen dem spanischen und dem deutschen Reich zu entscheiden.

So ist es nicht verwunderlich, daß Kriminalfilme und Fußballübertragungen in der Gunst der westdeutschen Zuschauer an der Spitze stehen. Für das erste Quartal 1973 ermittelte Infratest erneut als Sendungen mit der höchsten Einschaltquote die Serien »Kommissar« (78 %) und »Aktenzeichen XY ... ungelöst« (72 %) des ZDF, im ersten Programm das Quiz-Spiel »Was bin ich?« (73 %) und das Fußball-Länderspiel Deutschland-Argentinien (68 %).[6] Aber nur drei Prozent des Bundesligaprogramms, so erklären Fernsehmanager angesichts dieser Zahlen treuherzig, wird ausgestrahlt. Gerade um die Auswahl der Spiele und den Zeitpunkt ihrer Sendung geht es. Nur 20% verfolgen die »Sportschau« der ARD und »nur« rund 15 % das »ZDF-Studio«. Selbst wenn, was keineswegs feststeht, der Zuschauerkreis beider Sendungen weitgehend identisch ist, sind es mehrere Millionen Menschen. Selbstverständlich zahlt das

5 Manfred Delling in der *Frankfurter Rundschau,* 28. 7. 1973. Delling gilt als Mitautor der Empfehlung.
6 *Infratest.* Nach *Frankfurter Rundschau,* 3. 7. 1973.

Fernsehen hierfür Honorare, die im übrigen von Jahr zu Jahr steigen. Dennoch sind Sportübertragungen für das Fernsehen nach wie vor relativ preiswert. Die hohen Ausstattungskosten, die beispielsweise eine Show verschlingt, fallen fort. 1971 kostete eine Fernsehminute eines Fernsehspiels im Schnitt 4 323 DM, eine Minute Sport hingegen nur 1 854 DM. Dazwischen lagen der ebenfalls preiswerte Sektor »Dokumentation« mit 2 049 DM und die Sparte »Unterhaltung« mit 3 683 DM.[7]

In einer Gesellschaft, die aus Mangel an verbindlichen Wertvorstellungen sehr viel Sensibilität für die Höhe der Preise entwickelt, ist folgende Tabelle aufschlußreich.[8] Es wurden dabei die Summen, die den Fachverbänden jährlich vom Fernsehen als Übertragungsgebühr gezahlt werden, in Relation zu den Mitgliederzahlen der Verbände gesetzt. Setzt man den Fußball gleich 100, so zeigt der deutliche Abstand zu anderen Sportarten die hohe, vom Fernsehpublikum gewünschte Popularität des Fußballspiels, das durch eben diese Übertragungen immer mehr an Popularität gewinnt:

	Mitglieder des DSB	Zahlungen des Fernsehens, DM	Mittelwert
Deutscher Fußball-Bund	100,0	100,0 (3 025 000)	100,0
Deutscher Turner-Bund	80,3	2,3 (70 000)	41,3
Dt. Leichtathletik-Verb.	21,6	9,1 (275 000)	15,4
Dt. Schützenbund	24,6	0,5 (15 000)	12,5
Dt. Schwimm-Verband	15,9	3,3 (100 000)	9,6
Dt. Handball-Bund	14,2	3,9 (120 000)	9,0
Dt. Tennis-Bund	13,2	4,3 (130 000)	8,8

7 Quelle: *Die Zeit*, 13. 7. 1973.
8 Nach Siegfried Operhalsky: *Das Leistungsprinzip im Sport*, Dipl. TU Berlin, Masch.–Man. 1974. Die Zahlungen gelten für

Mit der weiteren Verbreitung des Farbfernsehens wird die Position der Fernsehanstalten noch günstiger. Die Erfindung des Farbfernsehens ist in meinen Augen ein fast ebenso folgenreicher Schritt wie die Erfindung des Fernsehens überhaupt. Von professionellen Kritikern meist nur müde belächelt — wahrscheinlich, weil sie zu viele Sendungen sehen *müssen* —, bedeutet die Einführung der Farbübertragungen gerade bei einem Fußballspiel einen *qualitativen* Sprung. Erst jetzt ist die totale Identifizierung mit der eigenen Mannschaft möglich, die immer zugleich auch die Identifikation mit einem bestimmten Trikot und der unvermeidlichen Fahne gewesen ist: mit den Rothosen aus der Hansestadt, den Königsblauen aus Gelsenkirchen, den roten Teufeln vom Betzenberg (Kaiserslautern) und den Azzurri der italienischen Nationalmannschaft. Zwischen den Farben des Rasens, der Trikots der Gastgeber und Gäste, nicht zuletzt des Balles und der Werbung an den Banden bestehen Bezugspunkte. Sich ihrer Faszination zu entziehen, bedarf es schon der Abgebrühtheit professioneller Kritiker oder eines Mangels an ästhetischer Sensibilität.

Darüber hinaus erhöht eine Farbsendung die ohnehin schon vorhandene Überlegenheit des Originals gegenüber der Kopie. Ein Spiel im Regen wirkt auch in einer Schwarz-Weiß-Aufzeichnung meist recht trostlos. Bei einer Farbübertragung hingegen tritt häufig der entgegengesetzte Effekt ein: die durch den Regen bedingte frühzeitige Dämmerung erfordert Flutlicht, das heißt Fernsehlicht. Nur der Sprecher und einige Regenschirme erinnern hin und wieder an die äußeren Umstände.

Mit Geld läßt sich das Problem der abwandernden Zuschauer nicht lösen. Sie bedrohen den Fußballsport in seiner

das Jahr 1972. Quelle: *Hör Zu,* 45/1972. Die Bundesligavereine erhalten 2,3 Millionen, die Regionalligen den Rest. Für die Saison 1973/74 forderten die Bundesligaklubs 4,5 Millionen DM *und* eine Verlegung der Sendezeit auf den späteren Abend. Man einigte sich inzwischen auf einen Betrag von 2,65 Millionen DM.

Substanz. Eine Konzeption ist erforderlich. Es ist überhaupt nicht einzusehen, weshalb bereits um 18.00 Uhr Spiele übertragen werden, die erst um 17.15 Uhr zu Ende gegangen sind. Eine Übertragung um 21 Uhr beispielsweise hätte den gleichen Reiz, denn um eine Originalübertragung handelt es sich ohnehin in beiden Fällen nicht. Hier droht der Fußballsport nicht so sehr ein Opfer der Zuschauerwünsche als vielmehr ein Opfer der Konkurrenz zwischen beiden Fernsehanstalten zu werden. Die Lösung: nur jeweils *eine* Anstalt sendet an einem Wochenende. Die jeweils andere bringt am Sonntag Kommentare, Interviews und Hintergrundberichte. In Großbritannien ist die sehr späte Übertragung ein Grund für die etwas günstigere, wenngleich keineswegs rosige Situation.

Die Vorstellung, die Massenmedien könnten die Funktion der Massen in den Stadien übernehmen, ist zur Zeit noch Utopie. Das Fußballspiel verlöre seinen Reiz; es würde zur totalen Fernsehshow. Mit Einblendungen singender Fußballstars und den Werbesprüchen der von ihnen vertretenen Produkte. Vielleicht werden die Zuschauer eines Tages vom ZDF als bezahlte Claqueure eingesetzt. Eine Entwicklung, von Urs Widmer beschrieben[9], die mir — langfristig gesehen — so abwegig nicht scheint. Läßt sich der Fußballbund auf eine solche Entwicklung ein, so ist das Ende des professionalisierten Fußballsports absehbar. Er wird einige Jahre mehr schlecht als recht Programmlücken füllen, um dann eines Tages zu verschwinden wie zahlreiche andere Showsendungen zuvor. Als Opfer von Infratest formal, in Wirklichkeit, weil man ihn seiner Substanz beraubt, weil man die Einheit von Akteuren und Zuschauern gelöst hat. Schon jetzt zeigt der bezahlte Fußballsport Züge einer Show; seine Faszinationskraft jedoch beruht auf mehreren Wurzeln. Darin ist er der reinen Show, Volksbelustigung nach

---

9 Urs Widmer: *Die Eintracht schießt ein Tor,* in: *Über Ror Wolf,* a.a.O., S. 61.

exaktem, mehrfach geprobtem Plan, überlegen. Wenn nichts mehr auf dem Spiel steht, verliert das Fußballspiel seinen Sinn.

Die immer wiederholten Beteuerungen der Funktionäre, das Fernsehen trage die Schuld an der rückläufigen Zuschauerentwicklung, ist in dieser Formulierung nicht haltbar. Das ist eine monokausale Erklärung, die freilich recht gut in das Weltbild des Deutschen Fußball-Bundes paßt. Entlastet sie ihn doch davon, nach weiteren Ursachen in seinem eigenen Bereich zu suchen. Insgesamt kommen folgende Faktoren in Betracht:

a) Fußballübertragungen im Fernsehen
b) der Bundesliga-Skandal
c) die Qualität der Spiele
d) der Komfort in den Stadien
e) die Preise in den Stadien
f) konkurrierende Freizeitangebote

Die *Skandaltheorie* geht von folgenden Thesen aus:
1. Der Bestechungsskandal hat den Fußballsport in Mißkredit gebracht. Von dem gegenwärtigen Tief wird er sich nie wieder erholen.
2. Als Folge des Skandals wird die Zahl der Zuschauer in den Stadien immer geringer.
Beide Thesen sind falsch. Zwar läßt sich ein schwindendes Zuschauerinteresse nicht leugnen. Jedoch handelt es sich hierbei um einen mittelfristigen Trend, der nur durch den Skandal beschleunigt worden ist. Er war *ein* Faktor unter mehreren innerhalb einer Entwicklung, die im übrigen keineswegs zwangsläufig ist. Verwechselt werden die Ursache und ihre Folgen. Ursache für den Zuschauerschwund bei einigen Vereinen ist nicht die Bestechungsaffäre und eine daraus resultierende ablehnende Haltung gegenüber dem Fußballsport. Ursache sind die vorübergehenden Folgen des Skandals: die Dezimierung bisher hervorragender Mann-

schaften wie Hertha BSC und Schalke 04 beispielsweise. Sie haben nach dem Verlust wichtiger gesperrter Stammspieler nicht sofort wieder ihre alte Form erreicht. Nicht das Fußballspiel wird von den Zuschauern in Frage gestellt, sondern die *Qualität* der eigenen Mannschaft.

Wäre sie, wie seinerzeit Turin, Opfer eines Flugzeugunglücks geworden, so bliebe zunächst auch ein Teil der Zuschauer fort — bis die Mannschaft neu aufgebaut ist.

Die zweite These ist jedoch auch deshalb fragwürdig, weil sie auf einem Axiom — nämlich der ersten These — beruht, das kritischer Betrachtung ebenfalls nicht standhält. Mittel- und eventuell auch langfristig hat der Skandal dem Fußballsport geholfen. Durch ihn erst wurden jene strukturellen Schwächen des deutschen Fußballsports offenkundig, die nahezu logisch zu einem Skandal dieses Ausmaßes führen mußten. Erst der Skandal zwang die Funktionäre, sich Gedanken über eine Organisationsstruktur zu machen, die mit vergangenen Jahrhunderten mehr gemein hat als mit dem zukünftigen. Erst durch den Skandal wurde der Öffentlichkeit klar, daß es sich bei Fußballspielern um Arbeitnehmer handelt, die ihre Arbeitskraft verkaufen zur Sicherung ihrer Existenz. Erst der Skandal — und dies scheint eine der wichtigsten Folgen zu sein — hat dem Fußballsport jene Aufmerksamkeit geschenkt, die er angesichts seiner Bedeutung aus ökonomischer, soziologischer und soziopsychologischer Sicht verdient. Der Skandal hat Fußball und Öffentlichkeit, Fußball und Gesellschaft, Fußball und Gesellschaftswissenschaft einander nähergebracht. Alles in allem hatte der Skandal eine reinigende Wirkung. Die heile Welt des Fußballs wurde zerbrochen; erst danach konnte es zwischen Wirklichkeit und einer desillusionierten Fußballrealität zu einer Annäherung kommen. Die Entdeckung der Korruption führte nicht zur Demaskierung des Fußballsports, sondern zur Erkenntnis von Wirklichkeit, zu deren Realität Korruption gehört.

Die *Qualitätstheorie* ist also aus der Skandaltheorie abzuleiten. Für ihre Gültigkeit sprechen in der Tat gute Argumente. Mittelfristig lassen sich jedoch die mit Hilfe dieser Theorie sichtbar gewordenen Mängel beseitigen.

Sie wurde vor allem deshalb so wirksam, weil sie den Berufsfußball an seiner empfindlichsten Stelle traf: es gab bereits vor dem Skandal zu wenig erstklassige Spieler. Die These von der beliebigen Austauschbarkeit der Spieler ist angesichts der Realität reiner Hohn.

20 Monate nach Offenlegung des Skandals waren 50 Spieler in ihn verwickelt.[10] Theoretisch gab es viereinhalb komplette Mannschaften weniger. Darüber hinaus wurden drei Vereine der Bestechung überführt: Arminia Bielefeld, Rot-Weiß Oberhausen und Kickers Offenbach. Zwei Trainer verloren ihre Lizenz: Piechaczek und Brocker. Die 47 inzwischen verurteilten Spieler verteilen sich auf folgende Mannschaften:

Hertha BSC Berlin	:	15
Eintracht Braunschweig	:	13
Schalke 04	:	11
VfB Stuttgart	:	3
Arminia Bielefeld	:	2
MSV Duisburg	:	2
1. FC Köln	:	1

Durch den Vereinswechsel einiger Spieler waren darüber hinaus die Bundesligamannschaften von Werder Bremen (Burdenski, Weber), Borussia Mönchengladbach (Wittkamp) und dem Wuppertaler SV (Galbierz) ebenfalls betroffen.

Wie in den meisten professionalisierten Berufen sind Spitzenkräfte eben auch und gerade im Fußball Mangelware. Nur fällt diese Tatsache in diesem Beruf besonders schnell auf, weil es einmal um einen relativ kleinen Kreis von rund vierhundert Spielern geht und deren Form wiederum Woche

10 Stand: 19. 3. 1973.

für Woche öffentlich meßbar ist. Das Versagen eines hervorragenden Lektors merkt man beispielsweise erst, wenn die Bücher, für die er sich eingesetzt hat, nicht ankommen. Aber selbst das ist bekanntlich noch kein Maßstab für Qualität.

Den Mangel an talentierten Profispielern versuchen die Vereine auf zweifache Weise zu überspielen:

1. durch die systematische Förderung des eigenen Nachwuchses. Darauf zum Beispiel beruhen der Erfolg von Borussia Mönchengladbach und die Lorbeeren von Schalke 04, die überraschenden Leistungen von Fortuna Düsseldorf und des Wuppertaler SV. Beim 1. FC Nürnberg und dem Hamburger SV hingegen hat man mit der gleichen Methode schlechte Erfahrungen gemacht.

2. durch die Aufnahme talentierter Gastarbeiter auch im Berufsfußball. Jugoslawien und Österreich zum Beispiel haben im Laufe der Jahre mehr als eine komplette Nationalmannschaft entsandt, die Dänen wiederum dort ausgeholfen, wo es in der Bundesrepublik am meisten mangelt: auf den Flügeln im Sturm.

Die *Komforttheorie* stützt sich auf Argumente, die sie in die Nähe der Fernsehtheorie bringen. Demnach sind

a) die Stadien heutigen Komfortansprüchen nicht mehr gewachsen. Insbesondere fehlt es an Sitzplätzen und an einer Heizungsanlage. Durch die Auflagen, die zahlreichen Stadien (Gelsenkirchen, Dortmund, Düsseldorf, München — alle ohnehin neu —, Stuttgart, Frankfurt, Berlin, Hamburg, Hannover) für die Fußballweltmeisterschaft 1974 in der Bundesrepublik gemacht worden sind, ist das Problem der Sitzplätze zum Teil gelöst. Die Heizungsfrage bleibt; die einzige Alternative hierzu lautet: eine lange Winterpause vom 15. Dezember bis zum 1. März. Nicht in jedem Jahr fällt, wie 1972/73, statt der Spiele der Winter aus.

b) die Stadienordner nicht in der Lage, die Auswüchse randalierender Fans unter Kontrolle zu halten. Dieses Argument ist eines der überzeugendsten von allen.

Für die Verfechter der *Preistheorie* liefern zwei Länder unterschiedliche Modelle: in Großbritannien werden die Eintrittspreise künstlich niedrig gehalten, um die notwendige Atmosphäre zu konservieren. Sinnvoller erscheint hingegen das sogenannte italienische System, das bei internationalen Spielen inzwischen auch in der Bundesrepublik praktiziert wird. Danach richten sich die Eintrittspreise nach der jeweiligen Attraktivität des Spiels.

Entgegen den Erwartungen professioneller Kulturkritiker sind die sportlichen Aktivitäten der als passiv gescholtenen Zuschauer gestiegen *(Aktivitätstheorie)*. Man spielt wieder selbst statt anderen dabei nur zuzuschauen.

Mittelfristig gesehen, ergeben sich für die Entwicklung des Fußballsports folgende Perspektiven:

1. Die Fußballweltmeisterschaft wird dem Fußballsport einen erneuten, über Jahre andauernden Auftrieb geben. Dies gilt um so mehr für den Fall, daß die Mannschaft der Bundesrepublik gut abschneidet oder gar selbst Weltmeister wird.

2. Die Bundesliga wird sich einige Jahrzehnte halten, allerdings in absehbarer Zeit mit einer neu zu bildenden *Europa-Liga* konkurrieren. Die Einführung einer Europa-Liga bedeutet lediglich die Institutionalisierung der bald nicht mehr überschaubaren Europapokalwettbewerbe. Zunächst spielen die Vereine nach den Regeln einer Bundesliga; in der zweiten Phase der Saison werden dann Gruppen gebildet und in einer dritten die Spiele wie bisherige Pokalspiele ausgetragen.

3. Die Regeln werden modifiziert werden müssen mit dem Ziel, mehr spannende Torszenen und einen besseren Spielfluß zu erreichen. Dazu bieten sich an: Einführung einer kurzen Ecke, Aufhebung der Abseitsregel, Einsatz von zwei Schiedsrichtern, Einführung von Zeitstrafen (10 und 20 Minuten), mehr Freistöße bei absichtlicher Spielverzögerung wie im Hallenhandball.

b. Der Moderator als Star

In der Kritik am Sport und am Fußballsport im besonderen wird häufig nicht deutlich genug unterschieden zwischen der Analyse einer bestimmten Sportart und der Analyse der Berichterstattung über diese Sportart. Da die Zuschauer und eben auch die Kritiker des Sports nur selten eine Sportveranstaltung original verfolgen können, wird ihr Bild zwangsläufig stark durch Informationen aus zweiter Hand geprägt. Was bedeutet dies für den Fußball?

Innerhalb unserer Gesellschaft stellt der Fußballsport ein komplexes Subsystem dar. Für die Vereine ein Wirtschaftsunternehmen, für die Spieler ein Beruf, für die Funktionäre ein Job und für die Zuschauer ein Ritual, wurde es für das Fernsehen zur Show. Indem man auf die Alternative bewußt verzichtete, den Sport wie den kulturellen, den wirtschaftlichen und den politischen Bereich sachlich zu analysieren, versagte man ihm zugleich jene Aufmerksamkeit, die er aus ökonomischen, aus soziologischen und aus sozialpsychologischen Gründen verdient. Der Sport wurde nicht als Teil gesellschaftlicher Realität erkannt und bewertet. Der Nachrichtensprecher berichtet über die Rede des Außenministers, zeigt dann die tägliche Massenkollision auf der Autobahn und meldet schließlich den Tod des berühmten Theaterregisseurs. Dann hat er laut Manuskript eine Pause einzulegen, um fortzufahren: »Und nun noch eine Meldung vom Sport.« So, als wollte man sich dafür entschuldigen, sie überhaupt zu bringen, steht sie fast immer am Ende der Sendung, ganz gleich, ob sie nun wirklich nebensächlich ist oder für die Mehrheit viel interessanter als all die bekannten Reden des Tages.

Der Fußballsport, in der Realität höchst komplex und voller gesellschaftlicher Bezüge, wird durch die Reproduktion in den Massenmedien und insbesondere im Fernsehen zu einem Mythos von trügerischer Einfachheit. Ein Mythos »schafft die Komplexität der menschlichen Handlungen ab und leiht ihnen die Einfachheit der Essenzen. Er unterdrückt jede Dialektik, jedes Vordringen über das unmittelbar Sichtbare hinaus, er organisiert eine Welt ohne Widersprüche, weil ohne Tiefe, eine in der Evidenz ausgebreitete Welt, er begründet eine glückliche Klarheit.«[11] Diesen Satz schrieb Roland Barthes, ohne Ernst Huberty und Dieter Kürten zu kennen.

Man gewinnt immer den Eindruck, die Moderatoren wollten von ihren Gästen, den Stars, gar nichts wissen. Sie präsentieren den Star als ein Showobjekt, sie sehen sich als Sprecher der Zuschauer, der dem Star den immer gleichen Dank abstattet. »Großartig, wie Sie, Herbert, heute wieder gespielt haben.« Man stelle sich Joachim Kaiser im Gespräch mit einem Dirigenten vor: »Großartig, Herbert . . .«, oder Friedrich Nowottny mit einem finster dreinblickenden Fraktionsvorsitzenden: »Großartig, Herbert, wie Sie es der Opposition heute wieder gegeben haben.«

Setzt ein Star wirklich einmal an, selbst Interessantes zu erzählen, anstatt Suggestivfragen zu bejahen, dann ist es Zeit für die Schüsse auf jene Torwand, die die Show auch nach televisionsinternen Maßstäben selbst richtet: Langeweile tötet. Das Tor im Sportstudio des ZDF steht stellvertretend für die Misere des Sportjournalismus im Fernsehen hierzulande. Es symbolisiert die Reduktion von Bericht und Kommentar auf den 1:0-Journalismus, die Reduktion des Fußballspiels von einem Drama zu einer Einführung für Buchhalter. Es zeigt, daß die Erfinder dieses Gags von der Faszination des Fußballspiels so gut wie nichts begriffen haben. Es demonstriert Verachtung des Publikums und es dokumentiert die Institutionalisierung der Einfallslosigkeit in der *Berichterstattung* über den Fußballsport. Angesichts der Bedeutung des Fernsehens fällt es auf das Fußballspiel selbst zurück, dieses Selbsttor des ZDF.

Aufgeschreckt durch den Bundesliga-Skandal haben in-

11 Roland   Barthes: *Mythen   des   Alltags,*   Frankfurt   1970[7], S. 131 f.

zwischen jedoch auch die Verantwortlichen nachgedacht. Dies ist um so mehr erforderlich, als immer häufiger selbstbewußte, intelligente Stars vor die Kamera treten, denen einige Moderatoren bald nicht mehr gewachsen sein werden. Das ZDF, durch eine zentrale Organisationsstruktur beweglicher als die Konkurrenz, hat diesen Trend offensichtlich bereits erkannt. Es ernannte gegen heftigen Widerstand gestandener Sportjournalisten Hanns-Joachim Friedrichs, bisher Moderator für Politik, zum Leiter seiner Hauptabteilung Sport. Friedrichs moderiert auch regelmäßig und trägt dazu bei, mit Charme und Intelligenz Sport in seiner Realität zu repräsentieren und nicht in seinen Klischees. Noch gehört er zu den Ausnahmen unter den Fernsehmoderatoren und -reportern.[12] Nach dem Endspiel um den DFB-Pokal 1973 fragte Armin Basche Mönchengladbachs Torwart Wolfgang Kleff, was er gedacht habe, als der Kölner Cullmann in der letzten Minute des zweistündigen Spiels einen Kopfball aus drei Metern Entfernung auf das Tor stieß. Die einzig interessante Frage — weshalb Netzer 90 Minuten lang auf der Reservebank saß — wurde gar nicht gestellt — weder ihm noch seinem Trainer.

Man tauscht Artigkeiten aus und bleibt mit Informationen weit hinter dem zurück, was am nächsten Tag im *Kicker* und in *Bild* nachzulesen ist. Zwischen einigen Moderatoren, Spielern und Trainern herrscht Kumpanei. Der Moderator tritt nicht als kritischer Interviewer auf, sondern in seiner Rolle als Star, der eine Ein-Mann-Show optimal zu gestalten hat. Ihm gegenüber sind letztlich die immer wieder neuen Studiogäste selbst Statisten. Der Sport erscheint auf diese Weise als Produkt des Showmasters und nicht als eine eigenständige Realität. Auf der Strecke bleibt der Fußballsport nicht nur als gesellschaftliches Phänomen, sondern

12 Zu nennen wären auch Günter Wölbert (ARD), Rainer Günzler (früher ZDF) und Harry Valérien (ZDF) als Moderatoren sowie Fritz Klein (ARD) als Reporter. Dennoch sei darauf hingewiesen, daß es sich hier primär um ein strukturelles und nicht um ein personelles Problem handelt.

auch als Spiel, das es zu analysieren gilt. In der Form, in der zahlreiche Fußballsendungen dem Publikum vom Fernsehen dargeboten werden, tragen sie in der Tat zur Verdummung der Zuschauer bei. In diesem Punkt haben die Kritiker recht. Nur sollten sie diese Tatsache nicht dem Fußballsport anlasten. Daß das Fernsehen noch immer Rundfunkjournalisten als Reporter beschäftigt, die just dann, wenn es spannend wird, von dem Spiel beider Mannschaften im Jahre 1937 berichten, spricht nicht gegen ein Fußballspiel.

Skandalös am Bundesliga-Skandal ist nicht zuletzt die Tatsache, daß sehr viele Funktionäre und Journalisten — von den beteiligten Spielern und Trainern einmal ganz abgesehen — bereits lange vor den Enthüllungen von Canellas von ihm wußten. Nahezu unverhüllt hatte beispielsweise der damalige Trainer von Eintracht Frankfurt, Ribbeck, im Deutschen Fernsehen auf die mysteriösen Seriensiege der ebenfalls abstiegsbedrohten Mannschaften hingewiesen. Die Kumpanei zwischen lokaler Sportpresse und trüben Machenschaften der Vereine ist in diesem Zusammenhang ein ungeschriebenes Kapitel für sich. Zumindest in diesem Fall bilden die Berliner eine rühmliche Ausnahme: *Der Tagesspiegel* und *Der Abend* beziehen kompromißlos Stellung. Das ist freilich in einer Stadt wie Berlin leichter als in Bielefeld oder Gelsenkirchen.

Die Kumpanei zwischen Journalisten und Sportlern hat handfeste materielle Gründe. Ihre Dimensionen erreichen im Falle des Fernsehens Summen, die an den Bundesliga-Skandal selbst erinnern. Nahezu jeder halbwegs bekannte Fernsehjournalist ist heute zugleich Buchautor. Er nutzt seinen Namen und verstärkt dessen Wirkung, indem er einen Trainer[13] oder einen prominenten Spieler um dessen Namen

---

13 Jüngstes Beispiel ist Kurt Lavall: *Fußball — das Spiel der Welt,* Bonn 1973. Im Vorwort schreibt Sepp Herberger: »Die Chronik von König Fußball ... hat Kurt Lavall zum Leben erweckt.«

für das Vorwort bittet. In einem Fall geht das so weit, daß Herberger als Herausgeber erscheint und die Autoren als *Mitarbeiter* auftreten.[14] Die meisten Bücher, die den Lesern fälschlicherweise als Arbeiten bekannter Spieler angeboten werden, sind von Journalisten geschrieben worden. So braucht der UEFA-Präsident nicht einmal zu lügen, wenn er Manfred Grönings Buch *Alle Tage Fußball*[15] mit den Worten einleitet: »Ich beglückwünsche Verlag und Autor zu ihrer Initiative, und ich wünsche diesem Werk bester Fußballpropaganda einen vollen Erfolg.«

Störenfriede wurden schnell und forsch zurechtgewiesen. Noch ehe der Bundesliga-Skandal so recht aufgedeckt worden war, konnte Dieter Kürten im ZDF erklären, er könne langsam darüber nichts mehr hören. Damit befolgte er eine Grundregel des Show-Business: stets das zu sagen, was die Zuschauer gerne hören. In der Tat waren die Zuschauer bald übersättigt mit Meldungen über den Skandal. Statt wirtschaftliche und soziologische Zusammenhänge aufzuzeigen, wurde minuziös über jede Verhandlung berichtet, als ginge es um den Prozeß gegen Johann Hus. Die Aufdeckung der Zusammenhänge hätte eine nicht geringe Anzahl von Journalisten als Mitwisser entlarvt.

Am 3. November 1973 konnte Carmen Thomas im ZDF öffentlich fragen, einer habe eben den Begriff »Profi-Rugby« erwähnt, was das denn sei. Auf eine Erklärung wurde mit Rücksicht auf die Aufnahmefähigkeit des Publikums verzichtet. Statt dessen fragte sie den in Indonesien geborenen Niederländer Harry de Vlugt (Rot-Weiß Essen) nach seinen Kochkünsten. Man kann eben die Emanzipation der Frau auf mannigfache Weise hintertreiben.

Bei der schreibenden Presse ergibt sich die Kumpanei durch das Informationsmonopol der Vereine und ihrer Trainer.

14 Sepp Herberger (Hrsg.) *Fußball WM*. Unter Mitarbeit von Walter Umminger, Karl-Heinz Huba und Ulfert Schröder, Kemnat 1973.
15 München 1969.

Jeder Journalist ist verständlicherweise darum bemüht, möglichst als erster die Mannschaftsaufstellung und weitere Hintergrundinformationen zu erhalten. Das ist sein Geschäft und sein Preis hierfür ist nicht selten lokaler Patriotismus.

Alles in allem leisten die Sportressorts der Massenmedien in der Bundesrepublik in ihrer Mehrheit nicht jene Funktion, die von den anderen Ressorts derselben Medien meist trefflich wahrgenommen werden: eine distanzierte, über die Wiedergabe von detaillierten Fakten hinausgehende Kritik. Ihre Redakteure sind nicht selten ehemalige Leistungssportler aus einer Zeit, in der die Welt des Sports noch relativ heil war. In ein modernes Sportressort hingegen gehören Journalisten mit fundierten politischen, ökonomischen und soziologischen Kenntnissen. Konsequent zu Ende gedacht, müßte man das Sportressort in die Wirtschaftsredaktion eingliedern.

Gerade wegen dieser heftigen Kritik seien die nachahmenswerten Beispiele hier auch genannt: zuerst und vor allem das gesamte Sportressort der *Frankfurter Allgemeinen Zeitung,* dann Jürgen Werner (*Die Zeit),* Dr. Gerhard Seehase *(Die Welt),* Ludwig Dotzert *(Frankfurter Rundschau).*[16] Für das Fernsehen stellt sich die Frage, ob Moderatoren in ihrer jetzigen Funktion überhaupt notwendig sind. Ob man nicht den Weg der politischen Magazine gehen kann, die Autoren selbst zu Wort und ins Bild kommen zu lassen und sie darüber hinaus häufiger auszutauschen. Letztlich geht es um das grundsätzliche Problem, ob Fußballübertragungen überhaupt kommentiert werden sollten. Das Spiel ist ein Drama, eine in der Regel spannende Handlung, die der Zuschauer genau so verfolgen kann wie der Sprecher auf seinem Monitor. Wer kommentiert eine Theateraufführung, wer die Handlung eines Films? In beiden Medien gibt es zu-

16 Da ich nur die Samstagsausgabe der *Süddeutschen Zeitung* lese, ist der Sportteil der SZ hier nicht einbezogen.

nehmend Sequenzen ohne Wörter. Wer, und dies scheint mir das entscheidende Argument zu sein, kommentiert dasselbe Fußballspiel im Stadion selbst? Die Zuschauer würden den Sprecher auslachen. Das Idiotische am Fernsehkommentar ist die Tatsache, daß in den Augenblicken, in denen der Zuschauer zu Hause selbst rätselt, der Sprecher nur ähnliches tun kann. »Warten wir ab, wer dieses Tor erzielt hat«, »Ein Spieler liegt verletzt am Boden, leider kann ich nicht erkennen, wer es ist.«

Anzustreben wäre eine sparsame Berichterstattung, von Zeileneinblendungen unterstützt. In der Pause dann ein wirklicher, ausdrücklich als subjektiv gekennzeichneter *Kommentar* mit der Aufforderung, sich selbst ein Urteil zu bilden. Und wenn schon Interviews, dann bitte mit Leuten, die mehr mitzuteilen haben als die Tatsache, daß alle wieder prächtig gewesen sind und ein Spiel 90 Minuten dauert. Sonst lieber Wum in der Doppelrolle des Interviewers und des Gastes. Das zumindest wäre konsequent. Man muß einmal Ernst Huberty *nicht* gehört haben, um ermessen zu können, welch ein Genuß das sein kann: wegen eines Streiks wurde das Europapokalspiel Glasgow Rangers gegen Borussia Mönchengladbach von einem Schotten kommentiert.

Doch kann selbst ein tüchtiger deutscher Hund nicht darüber hinwegtäuschen, daß dem Fernsehen nach der bestehenden Kumpanei nun auch die veritable Korruption droht. Obwohl das ZDF laut Staatsvertrag zur strikten Trennung zwischen Programm und Werbung verpflichtet ist, verlagert sich das Werbeprogramm immer mehr in die Sportsendungen selbst; nicht nur beim ZDF. Es ehrt vielmehr diese Fernsehanstalt, in der Sendung »Kontrovers: Sport und Werbung« am 9.11.1973[17] durch ihren hauseigenen Juristen Dr. Konrad unmißverständlich auf die drohenden Gefahren

17 Moderator: Harry Valérien. — Fabrikant Mast durfte erneut Schleichwerbung treiben. Unter anderem beklagte er, bei der Weltmeisterschaft 1974 800 000 DM ausgeben zu müssen gegenüber 200 000 in Mexiko 1970.

hingewiesen zu haben[18] — oder sind es schon Realitäten? Die Karriere eines der profiliertesten Sportjournalisten ist durch eine Spesenabrechnung gebremst worden. Was spricht dafür, daß seine Kollegen aus Redaktion und Technik — und die von der Konkurrenz — standfester sind? Bei der Auswahl und der Kameraführung mancher Bundesligaspiele frage ich mich schon heute: verstehen die nichts vom Sport oder zuviel von der Werbung? Der nächste Bundesliga-Skandal zeichnet sich ab und niemand wird sagen können, er habe ihn nicht kommen sehen.

Vorläufiger Höhepunkt dieser Korruption zwischen Medien, Werbung und Sport: die Präsenz von 19 westdeutschen Firmen auf einer extra hierzu aufgestellten Bande bei einem Spiel der westdeutschen Nationalmannschaft in einem sozialistischen Staat.

18 »Es sind doch alles nur Menschen.« Nicht von Wum, sondern von Herrn Konrad.

LEBENDE LITFASSÄULEN

Für 500 000 DM wechselten die Spieler von Eintracht Braunschweig für fünf Jahre lang ihr Hemd. Anstelle des Stadtwappens, des Braunschweiger Löwen, ziert jetzt ein Hirsch die Brust der Kicker. Der Wolfenbüttler Schnapsfabrikant Günter Mast war auf die Idee gekommen, mit Alkohol am Ball seinem Kräutergebräu »Jägermeister« zu größerem Umsatz und der Braunschweiger Eintracht aus ihrer finanziellen Misere zu helfen. Wie meist in solchen Fällen erwies sich auch hier der DFB als ein idealer Geschäftspartner. Er beanstandete das Wappen so lange, bis auch die letzte Provinzzeitung mehrfach über den neuen Gag berichtet hatte. Dann gab er es, in verkleinerter Ausführung, frei. Der Fernsehzuschauer freilich hätte diesen Wechsel der Trikots gar nicht bemerkt, hätte nicht ein freundlicher Reporter ihn nachdrücklich darauf hingewiesen. Erst die Massenmedien schaffen jenen Zustand, gegen den mit moralisierender Geste vorzugehen sie vorgeben. Im Braunschweiger Stadion nämlich stehen die Zuschauer meist auf Rufweite auseinander. Für sie allein hätte sich solch ein Aufwand nie gelohnt. Die pharisäerhafte Verlogenheit einiger Massenmedien ist wesentlich unerträglicher als der schlichte Tatbestand.

Inzwischen hat der DFB einen Schriftzug auf der Rückseite der Trikots erlaubt. Eintracht Braunschweig, in der Saison 1973/74 in die Regionalliga Nord verbannt, entschied sich für den Namen »Jägermeister« und weitere 100 000 DM pro Jahr. Ob die Spieler wissen, daß sie sich hier für ein Trinkgeld zur Schau stellen? Eine *offizielle Werbeminute* im Fernsehen kostet hierzulande zwischen 59 000 DM und 92 000 DM, 1973.

Für 60 000 DM kämpft die Eishockeymannschaft des SC Meran unter dem Namen SC Jägermeister um die italienische Meisterschaft. Den doppelten Betrag zahlt eine Schuhfabrik: Salamander Kornwestheim. Geiziger geben sich die Autofabrikanten: Opel Rüsselsheim (10 000 DM), während der IG-Farben Nachfolger Bayer 3,6 Millionen jährlich in den Leverkusener Verein steckt.

DIE AMERIKANISCHE HERAUSFORDERUNG

In den Vereinigten Staaten hat sich das Fußballspiel (soccer) bis heute nicht gegenüber dem rugbyähnlichen football durchsetzen können. 1967 war es in den USA zu einer Herausforderung durch den Fußballsport gekommen. Eine »wilde« Profiliga wurde unter enormem Aufwand gegründet. Sieben von zwölf Vereinen gingen in Konkurs. Sie scheiterten an der Größe des Landes und dem Mangel an *amerikanischen* Fußballspielern. Dort verdingten sich Profis aus Übersee, unter ihnen zahlreiche aus der Bundesrepublik, sowie Einwanderer aus den klassischen Fußballändern. Zu dem nationalen kam das spielerische Defizit. Immer wenn es spannend wurde, pfiff der Schiedsrichter, um die Aufmerksamkeit auf irgendeinen Werbespot zu richten! Es gibt eben verschiedene Wege, das Ende des Fußballspiels zu beschleunigen. In den USA jedoch hatte es nie einen richtigen Start, obwohl es sehr viel ungefährlicher ist als football und eine Ausrüstung für die Spieler ungleich preiswerter ist.

Wenn der Mißerfolg des soccer in den USA auf einem Mangel an Brutalität und demonstrativem Konsum beruhte, so wäre das ein schönes Kompliment.

REDE ZUR ERÖFFNUNG
DER FUSSBALL-WELTMEISTERSCHAFT

Nach Ernst Huberty, ARD

(Phase 1: E. H. in der Pose des Tchibo-Experten)
»Die Frage, die uns heute, liebe Sportkameradinnen
und Sportkameraden, daheim und zuhause, alle bewegt,
lautet: Wo steht der Deutsche Fußball heute?
(Phase 2: E. H. lacht)
Darauf kann es nur eine Antwort geben: der Deutsche
Fußball steht überhaupt nicht, sondern er rollt und rollt
und rollt und rollt. Wie Sie alle wissen, haben die arro-
ganten Engländer uns in diesem Jahrhundert dreimal
geschlagen: 1918, 1945 und 1966. Und dieses dritte Tor,
das hat der Herr Bundespräsident selbst deutlich gesehen, das war gar kein Tor. Das muß hier noch einmal
gesagt werden. Heuer haben uns die Polen diese Aufgabe abgenommen, woraus zu ersehen ist, daß die Ost-
politik auch ihre positiven Seiten hat.
(Phase 3: E. H. amüsiert sich wie Bolle)
Aber lassen wir uns nicht täuschen. Italien, dieser un-
sichere Kantonist des letzten Krieges, will erst geschlagen sein und dann natürlich Brasilien, dieses einzige Land Südamerikas mit einer funktionierenden Dik-
tatur.
*(Phase 4: E. H. bekommt einen Zettel gereicht und wird
bleich)*
Hier steht eine traurige Nachricht, liebe Freunde: Günter
Netzer ist entführt worden. Als Gegenleistung für die
Freilassung fordern die Erpresser: alle Rasen, auf denen
WM-Spiele stattfinden, sollen innerhalb eines Tages rot
angestrichen werden.« —
Die Bundesregierung tritt zu einer Sondersitzung zu-
sammen und bewilligt die Mittel, um der DDR keinen
Grund zur Abreise zu geben und um die neue Linke

nicht zu reizen. In ihren Reihen vermutet man die Entführer, sagt das ZDF. Nachdem alle Rasen rot gestrichen sind, gibt der Erpresser eine Pressekonferenz, auf der er sich selbst der Polizei und den Medien stellt. Es ist Herr Mast, Inhaber der Firma Jägermeister.

Etwa zur selben Zeit wird im ZDF Carmen Thomas der gleiche Zettel gereicht. Sie fragt erstaunt zurück: »Wer ist Günter Netzer?«

III. Fußballsport als Wissenschaft: Die Kritiker

> »Man *ist nicht* Tormann oder Läufer
> wie man Lohnarbeiter *ist*.«
>
> Jean-Paul Sartre

Der Fußballsport oder das Fußballspiel sind keine Wissenschaft, wenn auch die mehrdeutige Überschrift eine solche Assoziation zunächst nahelegen mag. Andererseits ist der Fußballsport in seiner heutigen Form ohne die Weiterentwicklung insbesondere der medizinischen Forschung und Praxis nicht denkbar. Sie war Voraussetzung zu seiner Professionalisierung. Betriebswirtschaftliche Erkenntnisse sind zumindest in Ansätzen in das Management einiger Vereine eingeflossen. Ein Nachholbedarf herrscht an der Aufarbeitung psychologischen und soziologischen Wissens. Der geradezu neurotische Umgang der Vereine mit ihren Trainern ist der beste Beleg für diese These.[1] Die Konsultation eines Wissenschaftlers wäre in manchen Fällen wahrscheinlich preiswerter und erfolgreicher verlaufen. Vielleicht genügt in einigen Fällen auch der intensive Kontakt zu einem Schriftsteller. Ein positives Beispiel dieser Art soll es geben.

Im folgenden ist vom Fußballsport als Objekt der Wissenschaft die Rede. Eine der genauesten Analysen über das Fußballspiel hat Jean-Paul Sartre geliefert; sie ist nicht in seinen belletristischen Arbeiten, sondern in einem seiner philosophischen Hauptwerke zu finden.[2] Im zweiten Teil dieser 870 Seiten umfassenden Studie untersucht Sartre Struktur und Funktion der *Gruppe*, ihr Verhältnis zum Kollektiv auf der einen und zum Individuum auf der anderen Seite. Das dialektische Spannungsverhältnis zwischen Indi-

---

1 Seit Bestehen der Bundesliga wurden über 50 Trainer vorzeitig entlassen. Einer ging von selbst. Daraufhin weinten einige Spieler.
2 Jean-Paul Sartre: *Kritik der dialektischen Vernunft*, Reinbek 1967 in der Übersetzung von Traugott König (zuerst Paris 1960).

viduum und Gruppe erläutert er unter anderem am Beispiel einer Fußballmannschaft. Sartre wendet sich scharf gegen die gängige, wenn auch empirisch keineswegs erhärtete These, der einzelne Spieler werde innerhalb seiner Mannschaft auf seine Funktion reduziert. Das wäre selbst theoretisch überhaupt nur möglich, wenn die Bedingungen eines Spiels vom Wetter bis zur Tagesform der gegnerischen Mannschaft exakt zu bestimmen wären. Da jedoch in einem Fußballspiel das Unvorhergesehene die Regel ist, mißt Sartre der individuellen Initiative entscheidende Bedeutung zu. »Das Individuum überschreitet sein gemeinsames Sein, um es zu verwirklichen; man *ist nicht* Tormann oder Läufer wie man Lohnarbeiter *ist*.«[3] Es gibt auch keine absolute Hierarchisierung der Funktionen, da sie während des Spiels sich alle gegenseitig bedingen. Nach einer ausführlichen Darstellung, deren Argumentation hier nur angedeutet werden kann, wendet sich Sartre der politischen Gruppe zu. Denn er vermag zu erkennen, was dem ZDF bis heute verborgen geblieben ist: »Bei einem Fußballspiel kompliziert sich allerdings alles durch die Anwesenheit der gegnerischen Mannschaft.«[4] Es auf *zwei* Spieler und eine Wand mit vier Löchern zu reduzieren, bleibt ein deutsches Warenzeichen, das keineswegs so komisch ist, wie es zuweilen erscheint.

Sechs Jahre später kamen die Sozialwissenschaftler Norbert Elias und Eric Dunning zu ähnlichen Ergebnissen, offenbar ohne den Text von Sartre zu kennen. Für sie ist Fußball Ausdruck einer »kontrollierte(n) Spannung zwischen zwei Gruppen«[5], deren Gleichgewicht es im Interesse einer Entscheidungsoffenheit möglichst lange aufrecht zu erhalten

3 Sartre, S. 490.
4 Sartre, S. 503.
5 Norbert Elias und Eric Dunning: *Zur Dynamik von Sportgruppen. Unter besonderer Berücksichtigung von Fußballgruppen*, in: Günther Lüschen (Hrsg.): *Kleingruppenforschung und Gruppe im Sport*, Sonderheft 10 der *Kölner Zeitschrift für Soziologie und Sozialpsychologie*, Köln/Opladen 1966, S. 128.

gilt. In einer historischen Analyse zeigen sie die Entwicklung von offener, legitimierter Gewalttätigkeit auf dem Fußballfeld zu einem immer stärkeren Maß an Reglementierung und Organisation. So spaltete sich der neugegründete englische Fußballverband 1863 wegen eines Antrags der Mehrheit, das Treten des Gegners mit dem Fuß zu verbieten. Es kam zur Trennung zwischen Fußball und Rugby. Parallel zur Reglementierung ist die Entwicklung des Spiels im Interesse der Mannschaft verlaufen. Zwischen 1750 und 1870[6] wurde Fußballsport in England insbesondere von den »Old Boys« der Public Schools, also Angehörigen der Mittel- und Oberschicht, gespielt. Das individuelle und nicht das Gruppeninteresse stand im Vordergrund; ein guter Fußballspieler war immer zugleich ein guter Dribbler.

Methodischer Ausgangspunkt dieser Analysen, zu denen insbesondere auch frühe Arbeiten niederländischer Forscher gerechnet werden müssen, ist die Kleingruppenforschung. Als Ziel wird nicht selten die Weiterentwicklung soziologischer Theorieprobleme genannt. Vinnai hat diesen Ansatz später durch eine ideologiekritische Fragestellung erweitert.

Unser eigener Ansatz hingegen stellt zum einen die Rolle der Zuschauer in den Mittelpunkt. Unter ihnen wiederum gilt das Interesse vor allem der Mehrheit des Publikums, den Fernsehzuschauern und der Funktion dieses Mediums für den Fußball. Zum anderen wird der Professionalisierungsprozeß des Fußballsports in der Bundesrepublik untersucht. Dieser Ansatz führt zu folgendem Ergebnis: die gegenwärtige Form des Fußballsports ist historisch relativ

6 Bekannt sind fußballähnliche Spiele in China im Jahre 2000 v. Chr., das calcio im italienischen Mittelalter und ein Schreiben des Königs Eduard III. von England aus dem Jahre 1349, in dem er seine Beamten auffordert, die Bürger »von diesem nutzlosen Spiel« abzubringen zugunsten des für den Krieg wichtigeren Bogenschießens.

neu[7], ein Resultat organisierter Massenunterhaltung mit Hilfe nahezu perfekter Spielsysteme und Spieler und der Möglichkeit perfektionierter elektronischer Farbübertragung. Entstanden als Volkssport im 14. Jahrhundert, seit etwa 1750 zugleich der Sport einer priviligierten Minderheit, dann wegen seiner Brutalität und als Vergnügen der »Massen« gering geachtet, ist der Fußballsport heute eine Art Gesellschaftsspiel nahezu aller Schichten geworden. »Gesellschaftsfähig« aber wurde er vor allem durch das Fernsehen als Folge der weitverbreiteten Annahme, daß wichtig nur ist, was das Fernsehen für sendungswürdig hält. Die Gewalttätigkeit ist nicht, wie Elias und Dunning meinen, geringer geworden; sie hat sich nur verlagert. Auf die Zuschauer in den Stadien vor allem, indirekt auf die Werbung in den Arenen, auf die Geschäftsführung der Vereine mit ihren kriminellen Folgen und nicht zuletzt auf den Kampf zweier mächtiger Institutionen, dem Fernsehen auf der einen und den Fußballverbänden auf der anderen Seite. Angesichts der wachsenden Bedeutung des Sports ist die Reaktion einiger Sozialwissenschaftler von Interesse.

7 In unserer Analyse ist deutlich zu unterscheiden zwischen der *neuen Struktur* des Sports (→ Professionalisierung, Kommerzialisierung, Internationalisierung, Fernsehfußball) und seinen *teilweise unveränderten Funktionen* (→ Ritual, Identifikation, Ablenkung). Schon Norbert Elias' Fragestellung — ist der gegenwärtige Sport historisch neu (= Elias' Antwort) *oder* eine Fortsetzung des bisherigen — läßt keine differenzierte Antwort zu.

1. Die Verachtung der Massen durch die Elite

Nicht wenige Soziologen sind Puritaner. Als Konservative wie Arnold Gehlen empfehlen sie uns den Rückzug aus der Konsumwelt in die der Askese. Sind sie progressiv, so vertrösten sie uns mit Theorien der Vergangenheit auf eine bessere und gerechtere Zukunft. Nur die Gegenwart mögen sie nicht. In einer Zeit, in der Veränderung für sich genommen schon einen Wert darstellt, gilt der Augenblick wenig. In einem Land, das den Idealismus hervorgebracht hat, ist die Realität von vornherein im Nachteil.

Das charakteristische des Sports aber ist es nun gerade, daß seine Struktur sich zwar wandelt, er aber selbst weitgehend folgenlos bleibt. Und *weil* er nichts verändert, nimmt seine Bedeutung, ebenso wie die des Spiels ganz allgemein, ständig zu. Der Sport bietet den Menschen die Möglichkeit, trotz wachsender Bevölkerungsdichte noch handeln zu können.[1] Das unterscheidet ihn beispielsweise grundlegend von der modernen Wissenschaft und Technik. Ihre Weiterentwicklung verändert die Lebensbedingungen ihrer Schöpfer ständig. Sie eröffnen ihnen neue Möglichkeiten, die sich allzuoft nur als Grenzen erweisen. Der Sinn des Handelns in diesen Bereichen wird zunehmend in Frage gestellt, Fortschritt zu einer ambivalenten Kategorie. Sport aber ermöglicht *relativ* folgenloses Handeln. Ohne Bezug zur Zukunft, liegt sein »Sinn« in der Gegenwart. Ein älterer Olympiasieger, der im Fernsehen von seiner glorreichen Vergangenheit erzählt, wirkt nicht selten grotesk. Ein gutes Buch kann man auch nach Jahren noch lesen und einige wenige gewinnen erst durch ihr Alter an Wert.

Hat der Sport als Ganzes schon keinen Bezug zur Zukunft, so gilt das für Hochleistungssportler in ihrer Rolle als Sportler noch mehr. Aktive Hochleistungssportler sind

---

1 Diese These stammt von Pierre Bertaux, in: *Mutation der Menschheit,* München 1971 (zuerst 1963).

jung — von wenigen Ausnahmen abgesehen. Sie zählen zu dem Kreis der 14–32 jährigen. Mit 31 bereits ist man, zumindest im Urteil der Fernsehreporter, »der große alte Mann des deutschen Fußballs«.

Neben die Geringschätzung der Gegenwart tritt bei einigen Soziologen die Verachtung der Masse. Sie sprechen verschämt von »größeren Gruppen«, wenn sie das meinen, was früher einmal Masse hieß. Nicht zuletzt aus diesem Grund wissen wir so wenig über die Rolle der Zuschauer im Stadion und am Bildschirm. Gefragt wird in der westdeutschen Sportsoziologie vor allem nach der Rolle des Leistungsprinzips, nach den Funktionen des Sports, seiner Organisation, nach Gruppen- und Führungsproblemen im Hochleistungssport und nach dem Sport als Medium nationaler, staatlicher oder ideologischer Repräsentation.[2] Es liegen nur wenige empirisch abgesicherte Ergebnisse vor. Für die Beantwortung zahlreicher Probleme reicht nicht selten ein geschlossenes Gesellschaftsbild aus. Ergebnis ist dann jenes fragwürdige Verfahren, »das Verhalten von Gruppen, deren Probleme man aktuell gar nicht teilt, vorrangig im Lichte der eigenen normativen, intellektuellen, emanzipatorischen Vorstellungen zu sehen und dadurch zunächst

2 Den internationalen Stand der Sportsoziologie referiert Günther Lüschen in Helmut Baitsch u. a. (Hrsg.): *Sport im Blickpunkt der Wissenschaften* (Originalausgabe *The Scientific View of Sport*), Berlin, Heidelberg, New York 1972, S. 103–135. — Als Einführung in die Geschichte des Sports und seine Organisationsstrukturen eignet sich Christian Graf v. Krockows souveräne Studie *Sport und Industriegesellschaft*, München 1972. Alle Aspekte des Leistungsprinzips im Sport diskutieren Hans Lenk: *Leistungssport — Ideologie oder Mythos?*, Stuttgart 1972 (mit umfangreicher Bibliographie) und Frank Grube/Gerhard Richter (Hrsg.): *Leistungssport in der Erfolgsgesellschaft*, Hamburg 1973. Dieses Buch enthält auch einen Beitrag der Herausgeber über den Bundesliga-Skandal. Die marxistische Position wird durch die zuerst 1931 erschienene und in vielerlei Hinsicht nach wie vor aktuelle Studie *Sport und Arbeitersport* (Neudruck Köln 1973) von Helmut Wagner am ehesten verständlich.

einmal abzuqualifizieren«[3]. Dieser Trend wird verstärkt durch das relativ geringe Ansehen der Sportsoziologie im Rahmen des gesamten Fachgebiets. Um den professionellen Normen des eigenen Fachs zumindest annähernd zu genügen, braucht der Sportsoziologe eine Legitimation. Will er den Anschluß an herrschende Strömungen nicht verlieren, so hält er sich an den »Zeitgeist« und »hinterfragt« den Sport nach seinen Funktionen im Interesse einer revolutionären Veränderung. Sein Ergebnis formuliert er dann zuweilen bereits in der Einleitung: »Sportliche Veranstaltungen tendieren in der bestehenden Gesellschaft zur Organisation bestehender Unmündigkeit, sie lenken Massenverhaltensweisen in eine Richtung, die einer demokratischen Umwälzung zuwider läuft.«[4]

Noch einen Schritt weiter geht Ulrike Prokop. Sie wirft Vinnai eine »Verkennung des repressiven Charakters des Sports generell« vor. Im Vorwort, das wiederum die Ergebnisse der Studie vorwegnimmt, wird »der weniger soziologisch orientierte Leser« gebeten, »das erste Kapitel vielleicht als letztes (zu) lesen«.[5] Unser Rat: der Leser sollte gleich zur leichter verständlichen Quelle greifen, zu Johan Huizingas berühmter Schrift *Homo Ludens. Vom Ursprung der Kultur im Spiel*. In diesem zuerst 1938 erschienenen Werk des konservativen Kulturkritikers finden sich bereits die meisten jener Argumente, die heute dem Sport zum Vorwurf gemacht werden. Gemeinsam ist seinen Kritikern der sympathische Traum von einer spielenden Gesellschaft.

Gerhard Vinnais Beiträge zur Soziologie des Fußballsports zeichnen sich durch bemerkenswerte Klarheit aus. Sie stellen der heilen Welt des Sports die heile Welt der Ideologie ge-

3 Hartmut Lüdtke: *Freizeit in der Industriegesellschaft,* Opladen 1972, S. 27.
4 Gerhard Vinnai (Hrsg.): *Sport in der Klassengesellschaft,* Frankfurt 1972, S. 7.
5 Ulrike Prokop: *Soziologie der Olympischen Spiele. Sport und Kapitalismus,* München 1971. Zitate S. 124 und S. 8.

genüber, konsequent von der Titelwahl — »Fußballsport als Ideologie« und »Sport in der Klassengesellschaft« — über die Widmung — »Den fußballspielenden Genossen« — bis zu einem der schönsten Druckfehler überhaupt (D. Riesman, Die einsame Klasse).

Vom Auflösungsprozeß jener kritischen Theorie, auf deren Hauptvertreter sich der Autor immer wieder beruft, zeugt das Ergebnis und insbesondere die Form, es zu präsentieren, dokumentiert es den Verlust begrifflicher Präzision und sprachlicher Sensibilität. Der Sport »zementiert ... das Realitätsprinzip einer Gesellschaft, die Körper und Seele von einer wildgewordenen Ökonomie ausbeuten läßt ... die Menschen (bekommen) die Rationalität des Kapitals eingebleut ... die gesellschaftliche Unvernunft begnügt sich nicht damit, falsches Bewußtsein auszusäen ...« Sie geht, wie man sieht, viel weiter. Bis zu folgender Sentenz: »Der Sport erzieht den Typus Mann, der den Herrschenden die Schützengräben füllt.«[6]

Diese Sätze stammen aus dem Klappentext. Er wurde, wie eine Sprachanalyse ergibt, vom Autor weitgehend oder vollständig selbst verfaßt. Gerade wenn man vor allem die Medien für den Mißbrauch des Sports mit verantwortlich macht, kann man den Klappentext eines seriösen Verlags von einer solchen Kritik nicht ausnehmen.

Mißt man Vinnai an seinem eigenen Anspruch[7], mit Hilfe marxistischer Kategorien Vorarbeiten zu einer Soziologie des Fußballsports zu leisten, so halten seine Argumente Einwänden kaum stand. Ihm gelingt eine Dämonisierung des Fußballsports, eine Anklage dagegen, daß. Freizeit in Freiheit nicht umschlägt. Selbst wenn man dieser These folgt, bleibt uneinsichtig, weshalb gerade und ausschließlich der Fußballsport die Emotionen der Massen bindet, die

---

6 Gerhard Vinnai: *Fußballsport als Ideologie,* Frankfurt 1970.
7 Es handelt sich um eine Dissertation, eine Tatsache, die dem Leser verschwiegen wird.

Vinnai im politischen Kampf vermißt. Im Rahmen einer marxistischen Theorie kann Fußball nicht mehr sein als ein funktionales Äquivalent. Ein Blick auf Frankreich verdeutlicht diese These. Dort spielt der Sport insgesamt und der Fußballsport im besonderen eine viel geringere Rolle als in der Bundesrepublik.

Den Bundesligafußball zu denunzieren und dämonisieren in politischer Absicht, die auf Praxis zielt, ist letztlich unpolitisch. Man trifft Symptome und gerade nicht den Kern einer »wildgewordenen Ökonomie«. Ungeachtet dessen versteht sich die Ideologiekritik als Teil einer umfassenden Gesellschaftskritik.[8] Für die Kritiker des Sports besteht die Funktion des Sports darin, die Massen von ihren »echten« Bedürfnissen abzulenken. Speziell dem Fußballsport werden vier Argumente entgegengehalten: die Verdoppelung der Arbeitswelt, der Verlust an Spontaneität, die Dominanz des Quantitativen, die Austauschbarkeit der Spieler.

»Auch von der Bewußtseinsinstanz der Spieler wird die Verwandlung in einen technischen Apparat verlangt ... Den Tausenden auf den Rängen liefern hier 22 Athleten genormte Verrichtungen, die denen während des Arbeitsvollzugs gleichen. Die inhaltlichen Differenzen gegenüber der Arbeit sind dabei unwesentlich ...«[9]

Was auch immer mit der »Bewußtseinsinstanz der Spieler« gemeint sein mag, hier irrt der Autor. Die Kernthese der Ideologiekritik, Fußballspiel sei nichts weiter als eine Verdoppelung der Arbeitswelt, ist nur durchzuhalten, wenn man entweder von der Arbeitswelt oder vom Fußball oder aber von beiden eine mangelhafte Vorstellung hat. Verliefe die tägliche Routinearbeit so abwechslungsreich wie viele Fußballspiele, so gäbe sie zu berechtigten Klagen weniger Anlaß.

---

8 Vinnai steht hier nur als ein, wenn auch repräsentatives Beispiel. Vgl. insbesondere Böhme u. a.: *Sport im Spätkapitalismus,* Frankfurt 1972².
9 Vinnai, *Fußballsport,* S. 20 f.

Gekoppelt mit dem ersten Vorwurf ist der zweite. Danach führt das programmierte Spiel zum Verlust an Spontaneität. Am 7. Oktober 1972 standen sich am Bieberer Berg die Offenbacher Kickers und die Frankfurter Eintracht gegenüber. Frankfurt spielte überlegen und führte fünf Minuten vor Schluß des Spiels erwartungsgemäß mit 2:1 Toren durch Treffer des Nationalspielers Jürgen Grabowski. Innerhalb von zwei Minuten wurde dann aus dem schon fast sicheren Sieg eine Niederlage.

»Stimuliert von einem Publikum, das die Spieler in Trance zu versetzen vermag«, erkämpften die Offenbacher Kickers im Endspurt den Sieg durch zwei Tore ihres Mittelstürmers Kostedde. Das war gewiß nicht vorprogrammiert, sondern »ein glücklicher Sieg, ein Erfolg der Begeisterung«, wie Kikkers-Trainer Lorant zu Recht feststellte. 1959 hatte die Frankfurter Eintracht die Offenbacher Kickers im Endspiel um die Deutsche Fußballmeisterschaft besiegt, und 1971 hatte ein Sieg der Frankfurter im selben Stadion entscheidend zum Abstieg der Kickers aus der Fußball-Bundesliga beigetragen. Der Sieg der Kickers war, in der Sprache des Mythos, ein Akt der Rache. »Kleine Wunder gehören zum Repertoire«, überschrieb die *Frankfurter Allgemeine Zeitung* ihren Bericht über dieses Spiel. In der Tat, es war nicht das erstemal, daß die Offenbacher Kickers einen schon verloren geglaubten Sieg noch retten konnten.

In diesem Zusammenhang wiederum gehört das dritte Argument der Ideologiekritik. Danach herrscht im Fußball eindeutig die Dominanz des Quantitativen. Dieser Einwand, für den Sport insgesamt nicht ohne Berechtigung, gilt nun gerade für den Fußballsport nur mit Einschränkung. Die Qualität eines Fußballspiels hängt keineswegs automatisch von der Zahl der erzielten Tore ab. Auch beweisen die Zuschauerzahlen, daß der Tabellenplatz keineswegs ausschlaggebend ist für das Interesse der Massen.

Als die Braunschweiger Eintracht Deutscher Meister wurde, war das Stadion häufig nicht ausverkauft. Wenn aber

Schalke 04, der 1. FC Kaiserslautern oder Kickers Offenbach spielen, ist dies häufig der Fall, selbst wenn die Mannschaften einen relativ uninteressanten Platz im Mittelfeld einnehmen.

Das vierte Argument der Ideologiekritik lautet: die Spieler seien Roboter, austauschbar gegeneinander.

Wie also ist das Versagen der sogenannten Millionen-Elf von Werder Bremen zu erklären? Spieler wurden ausgewechselt, renommierte Nationalspieler gegen durchschnittliche Bundesligaspieler »eingekauft«. Der Erfolg hat sich nicht eingestellt. Die unterschiedlichen Leistungen von Heynckes und Skoblar bei Hannover 96 einerseits und Borussia Mönchengladbach bzw. Olympique Marseille sind ein weiteres Beispiel gegen die These von der Austauschbarkeit der Spieler. Durchschnittlich in Hannover beide, spielten sie in ihren neuen Klubs groß auf. Für Heynckes war es zugleich der alte Verein, mit demselben Trainer und an der Seite Günter Netzers; für Skoblar war es die Atmosphäre und das Klima des Südens, das er, der Jugoslawe, brauchte, um sich wohl zu fühlen.

Innerhalb der Sportsoziologie fällt die Tatsache auf, daß insbesondere der Fußballsport kaum beachtet wird. Für die akademische Reputation ist es nicht eben förderlich, sich mit Sportsoziologie zu beschäftigen und geradezu eine Provokation, den Fußballsport als Untersuchungsobjekt zu wählen.

Neben der Verachtung der Massen aus ideologischen Gründen sind zweifellos auch methodische Schwierigkeiten einer der Gründe für die Zurückhaltung von Sozialwissenschaftlern gegenüber unserem Thema.

Zur Soziologie und Psychologie der Masse wird es auch in absehbarer Zeit keine empirischen Unterlagen geben. Das liegt am Wesen der Masse. Ihre Zusammensetzung ändert sich von Spiel zu Spiel, der Übergang vom individuellen zum Masse-Sein beschreibt ein soziales Verhalten in einer konkreten Situation, einen Ausnahmezustand. Der Beobachter, will er nicht ungebührlich auffallen, wird selbst zur Masse. Nach dem Spiel Individuen nach ihrem Verhalten während des Spiels zu befragen, ist ebenso problematisch wie die Festlegung einer repräsentativen Stichprobe. Hier können nicht 2000 Einzelne stellvertretend für 80 000 Zuschauer antworten. Denn das Charakteristikum der Masse ist es ja gerade, daß aus jenen 80 000 Einzelnen eine Einheit, eben die Masse wird, die man geschlossen wiederum nicht befragen kann.

Paradoxerweise läßt sich gerade der Mangel soziologischer und sozialpsychologischer Literatur über den Fußballsport nicht zuletzt auf die Tatsache zurückführen, daß Fußball ein Massensport ist. Verkürzt ausgedrückt, bedeutet das: weil es keine Soziologie der Masse gibt, fehlt auch eine Soziologie des Fußballs. Zwar sprechen wir von der Massengesellschaft, auch ist anspruchsvoll von Massenkommunikationsforschung die Rede. Der Begriff »Masse«, einst zentral für die Sozialwissenschaften, spielt ungeachtet dessen kaum eine Rolle.

Gustave Le Bon gebührt das Verdienst, ihn als sozialpsychologische Kategorie eingeführt zu haben. Für Le Bon bildete die Masse den Ausnahmezustand, »sozusagen eine häßliche Möglichkeit des Menschen, die immer bereit liegt«.[10] Er stellte der formlosen Materie die formende Tätigkeit gegenüber, das Weib dem Mann, die Masse dem Führer. Einprägsame, gefährliche Dualismen, nicht nur von ihm zu seiner Zeit bevorzugt. Dem Individuum, seinem Leser, vermittelte er das Gefühl, selbst nicht zur Masse zu gehören.

Bei Ortega kehrt diese Dichotomie in der Gegenüberstellung von Elite und Masse wieder. Masse ist für ihn keine soziologische Kategorie; das Masse-Sein ist nicht an eine bestimmte Klasse gebunden, sondern quer durch alle

10 Peter R. Hofstätter: *Gruppendynamik, Kritik der Massenpsychologie*, Hamburg 1957, S. 9.

Klassen feststellbar. Massenmensch ist der selbstzufriedene unkritische Durchschnittsmensch, der in direkter Aktion seinen Zielen zum Erfolg verhilft; wenn es sein muß, auch mit Gewalt.

Diesem Buch hätte man 1930 bei seinem Erscheinen jene Resonanz gewünscht, die es nach dem Kriege bei uns gefunden hat. Jetzt freilich rezipiert es als modische Kulturkritik, die es zweifellos *auch* ist: der Aufstand der Massen[11] als Signal des Untergangs. Das ganze Abendland mußte es schon sein.

Karl Marx hat als erster die Rolle der Massen als Agitator der Geschichte erkannt. Im *Kommunistischen Manifest* sprechen Marx und Engels mehrfach von der Masse. Le Bon, Ortega und Marx ist gemeinsam, das Masse-Sein als Entindividualisierung bzw. als Entfremdung erkannt zu haben. Marx sieht erst im Aufstand der Massen die Möglichkeit, das Masse-Sein aufzuheben, während Le Bon und Ortega aus dieser Diagnose pessimistische Prognosen ableiten.[12]

Für Le Bon und Marx repräsentiert das Masse-Sein den *Ausnahmezustand*, bei Ortega den Normalzustand. Die revoltierende Masse steht der selbstzufriedenen gegenüber. Sombart sprach von psychologischer und soziologischer, Geiger von aktueller und latenter Masse, um diesen Gegensatz zu beschreiben.

De Man und Riesman haben später die Diskussion auf den Prozeß der Vermassung gelenkt. Bei Riesman erscheint als Prototyp der Gegenwart der »außengeleitete« Mensch, die vor allem auch von den Massenmedien beeinflußte »ängstliche Masse«; ein besserer Titel für seine »einsame Masse«. Eine »außengeleitete Lebensweise« ist die Folge. Masse bezeichnet hier *soziales Verhalten* in einer konkre-

11 José Ortega y Gasset: *Der Aufstand der Massen*, Hamburg 1956.
12 U. a. stütze ich mich hier auf ein unveröffentlichtes Manuskript von Heinz Rudolf Sonntag.

ten gesellschaftlichen Situation und nicht eine bestimmte Klasse oder Schicht.

Für die Gegenwart haben jene Sätze Gültigkeit, die Enzensberger 1970 formuliert hat: »Die Interessen der Masse sind, schon weil sich niemand für sie interessiert, jedenfalls soweit sie historisch neu sind, ein ziemlich unbekanntes Feld geblieben. Sicherlich reichen sie weit über die Ziele hinaus, welche die traditionelle Arbeiterbewegung vertritt.«[13]

Befangen in den Wertvorstellungen jener bürgerlichen Gesellschaft, die zu verändern zumindest das Ziel derer ist, die sich selbst als progressiv verstehen, produzieren sie ihre Vorurteile täglich neu. Zu ihnen gehört das Bild von der apathischen, politisch unmündigen Masse, die nicht zuletzt im Sport Kompensation für das sucht, was ihr die tägliche Arbeit im Produktionsprozeß versagt. Die Frage ist, ob dieses Bild richtig ist oder nur Ausdruck für die Unfähigkeit von Soziologen, Realität außerhalb eines vorgegebenen Schemas zu verstehen, für die Unfähigkeit, sich zu freuen und ausgelassen zu feiern, ohne höheren Zweck zu spielen, scheinbar Nutzloses zu tun.

Die so häufig beschworenen »echten« Bedürfnisse der Massen sind also weitgehend unbekannt. Und das wenige, was wir über das Verhalten von Massen wissen, führt darüber hinaus zu der Frage, in welchen Bereichen die Unterscheidung von Masse und Elite überhaupt zu ergiebigen Resultaten führt. Am Beispiel des Fernsehens wird dieses Problem deutlich. Die Sehgewohnheiten unterschiedlicher sozialer Schichten sind erstaunlich wenig differenziert. »Beim Fernsehen besteht ›Masse‹ im Sinne der Betonung von Unterschiedslosigkeit.«[14] In diesem Punkt liegt der entscheidende Unterschied zwischen dem Fernsehen und den anderen Medien. Das Lesen bestimmter Bücher und Zeitungen, der

13 Hans Magnus Enzensberger: *Baukasten zu einer Theorie der Medien*, in: *Kursbuch*, 20/1970, S. 171.
14 Erwin K. Scheuch in Scheuch/Meyersohn (Hrsg.): *Soziologie der Freizeit*, Köln 1972, S. 37.

Besuch eines Films und selbst noch die Wahl einer Radio-
sendung werden ganz stark beeinflußt von der Schulbil-
dung der Empfänger. Beim Fernsehen, seiner Struktur nach
egalitär, ist das anders. Die Übertragung eines Fußballspiels
verdeutlicht diese Tatsache ebenso exemplarisch wie der
kollektive Konsum der »Tagesschau«. Selbstverständlich
wird durch ein relativ einheitliches Sehverhalten nicht die
wirtschaftliche und soziale Struktur einer Gesellschaft verändert. Es handelt sich um eine situationsspezifische Ge-
meinsamkeit.

Das Alltagsleben in der modernen Welt wird durch situationsspezifische Gemeinsamkeiten berührt und wohl auch
verändert. Der Weg von einer, auch nach Einführung des
maschinellen Buchdrucks ihrer Struktur nach elitären Kultur
privilegierter Minderheiten zur *organisierten Unterhaltung*
eines ganzen Landes — und bei den sich häufenden Sendungen über Euro- und Intervision eines halben Erdteils,
in Ausnahmefällen wie einer Fußballweltmeisterschaft eines
großen Teils der Welt — ist historisch neu und in seinen Folgen für das Bewußtsein der Menschen noch weitgehend un-
erforscht. Die schichtenspezifisch relativ neutrale, über-
regionale standardisierte Unterhaltung macht es zumindest
erforderlich, die eigene Einstellung gegenüber den »Massen«
zu überprüfen.

»Die elektronischen Medien verdanken ihre Unwidersteh-
lichkeit nicht irgendeinem abgefeimten Trick, sondern der
elementaren Kraft tiefer gesellschaftlicher Bedürfnisse.«[15]
Enzensberger nimmt sie jedenfalls ernst, möchte sie erfor-
schen und im Rahmen einer sozialistischen Bewegung politisch produktiv machen.

Ich selbst fühle mich mit dem ersten Ziel hinreichend aus-
gelastet. Und so stellt dieses Buch einen Versuch dar, Er-
klärungen für ein Phänomen zu diskutieren, über das wir
überraschend wenig wissen.

15 Enzensberger, S. 171.

DIE KÜNSTLER UND IHRE MUSSE

Das italienische Parlament hat in einer außergewöhnlichen Prozedur die Pensionsrechte der Profi-Fußballspieler und Trainer anerkannt. Das Gesetz trat am 24. September 1972 in Kraft, also am ersten Spieltag der italienischen Fußballmeisterschaft. Profis und Trainer werden somit in die Künstlerbranche eingegliedert.

Außerdem wurde ein Gesetz verabschiedet, das allen Familienangehörigen der Fußballspieler und Trainer ein Recht auf Krankenversicherung zusichert. Die italienische Fußballspieler- und Trainergewerkschaft errang damit als erste auf der Welt Pensions- und Krankenversicherungsrechte für ihre Mitglieder.

Einen ungewöhnlichen Wetteinsatz registrierte man beim Fußballspiel zwischen Nizza und Marseille. Der französische Maler L'Aricot hatte das Ergebnis falsch vorausgesagt und mußte für den Gewinner ein Bild malen. Er entschied sich für ein Porträt des Schiedsrichters Bécret, weil dieser den Spielausgang maßgeblich beeinflußt habe.

DIE VERBESSERUNG VON MITTELEUROPA?

Ort	Jahr	Endspiel um die Weltmeisterschaft	Ergebnis
Uruguay	1930	Uruguay—Argentinien	4 : 2
Italien	1934	Italien—Tschechoslowakei	2 : 1 Dt. 3.
Frankreich	1938	Italien—Ungarn	4 : 2
Brasilien	1950	Uruguay vor Brasilien	(Punktrunde)
Schweiz	1954	BRD—Ungarn	3 : 2
Schweden	1958	Brasilien—Schweden	5 : 2 BRD 4.
Chile	1962	Brasilien—CSSR	3 : 1
England	1966	England—BRD	4 : 2
Mexiko	1970	Brasilien—Italien	4 : 1 BRD 3.

DIE ANTWORT KENNT NUR DER WIND

95 Verbände haben sich zur Fußballweltmeisterschaft 1974 gemeldet; 33 europäische, 22 afrikanische, je 14 aus Asien sowie aus Nord- und Mittelamerika, 10 aus Südamerika und 2 aus Ozeanien. 16 von ihnen konnten sich für das Endturnier um die Weltmeisterschaft in der Bundesrepublik qualifizieren bzw. nehmen als Weltmeister (Brasilien) und als Veranstalter (BRD) automatisch teil. Die beiden ersten Mannschaften der vier Gruppen (1. Finalrunde; siehe Übersicht) bilden anschließend zwei neue Gruppen mit je vier Teilnehmern. Die Sieger dieser Gruppen der 2. Finalrunde bestreiten am 7. Juli 1974 das Endspiel um die Fußballweltmeisterschaft im Münchner Olympiastadion. Die Gruppenzweiten spielen um den 3. und 4. Platz.

Gruppe I	*Gruppe III*
Chile	Niederlande
Bundesrepublik Dt.	Uruguay
DDR	Schweden
Australien	Bulgarien

Gruppe II	*Gruppe IV*
Jugoslawien	Haiti
Brasilien	Italien
Zaire	Polen
Schottland	Argentinien

In der 2. Finalrunde bilden die Sieger der Gruppen I und III zusammen mit den Zweiten der Gruppen II und IV die neue Gruppe A, während die Gruppe B aus den Siegern der Gruppen II und IV sowie den Zweiten der Gruppen I und III gebildet wird.

2. Exkurs: Peter Handke und Ror Wolf

> »Kein Drama der Welt kann so
> übersichtlich sein wie ein Fußballspiel.«
> Marcel Reich-Ranicki

Schriftsteller haben den Sport noch stärker vernachlässigt als Wissenschaftler. Nicht aus Unkenntnis weltfremder Literaten, nicht wegen fehlender Bezüge zueinander, sondern im Gegenteil wegen jener engen Verwandtschaft zwischen zwei Bereichen, die ein verträgliches Auskommen erschwert. »Die Literatur und der Sport appellieren auf verschiedenen Ebenen und mit unterschiedlichen Mitteln an dieselben fundamentalen Gefühle ... Heldentum, Leidenschaft, Solidarität, Neid, Ruhmsucht.«[1] Vielleicht sind deshalb die meisten literarischen Texte, deren Thematik vom Sport handelt, langweiliger als es der Sport jemals sein kann. Eine zweibändige Anthologie[2] mit 31 Sporterzählungen — sechs von ihnen mit dem Thema Fußball — belegt diese These eindrucksvoll. Ein Schriftsteller lebt nicht zuletzt von der Fiktion, von seiner Einbildungskraft. Die facettenreiche Realität des Sports — und hier vor allem die des Fußballs — durch Imagination zu übertreffen, ist häufig zum Scheitern verurteilt. Dem untauglichen Versuch, ein ohnehin dramatisches Fußballspiel literarisch zu kopieren, sind in jüngster Zeit insbesondere zwei Schriftsteller entgangen: Peter Handke und Ror Wolf. Handke durch seine Erzählung *Die Angst des Tormanns beim Elfmeter*[3] sowie durch den bereits zitierten Aufsatz *Die Welt im Fußball*[4]. Dieser Essay wurde 1965 geschrieben, weil der Autor Geld benötigte und der

---

1 Marcel Reich-Ranicki: *Betrifft Literatur und Sport,* in: *Wer schreibt, provoziert,* München 1966, S. 86 (geschrieben 1964).
2 Karl Schwarz (Hrsg.): *Der olympische Kranz,* München 1969 und derselbe: *Im Stadion,* München 1970.
3 Frankfurt 1972 (zuerst 1970).
4 Peter Handke: *Die Welt im Fußball,* in: *Ich bin ein Bewohner des Elfenbeinturms,* Frankfurt 1972.

Rundfunk ihm für 15 Minuten 300 Schilling zahlte. »Über Fußball«, so äußert sich Handke rückblickend Mitte 1972, »wußte ich weniger zu schreiben, deshalb schwindelte ich mir die 300 Schilling eher zusammen.«[5]

Dieser Text ist im Gegenteil ein weiterer Beleg für die These, daß Auftragsarbeiten der literarischen Kreativität durchaus nützen können. Es ist einer der schönsten Texte Peter Handkes überhaupt, jetzt fast versteckt unter der Rubrik *Freundliche Feuilletons*. Das heißt, *Die Welt im Fußball* taucht im Inhaltsverzeichnis gar nicht auf, so daß man diesen Essay leicht übersehen kann. Es wäre schade, zumal dieser Text *eine* Möglichkeit bietet, auch den als schwieriger geltenden Arbeiten des Autors näher zu kommen.

Die Struktur des Titels *Ich bin ein Bewohner des Elfenbeinturms* — in diesem Band ist der Aufsatz über den Fußball nachzulesen — ist die gleiche wie die der Erzählung *Die Angst des Tormanns beim Elfmeter*. Beide Titel sind empirisch falsch und gewinnen aus dieser Tatsache an Attraktivität.[6] Sie sind zunächst eingängig wie *Der Stoff, aus dem die Träume sind*. Beim zweiten Blick stutzt der Leser, wird zum Nachdenken gezwungen ... um dann vielleicht das Buch zu lesen.

Peter Handke ist *kein* Bewohner des Elfenbeinturms, wenn er es sich auch leisten kann, nicht jeder politischen und literarischen Mode zu folgen. Gerade diese Unabhängigkeit jedoch ist Voraussetzung dafür, nicht im Elfenbeinturm hocken zu bleiben. Das Buch selbst widerlegt im übrigen den Titel eindeutig. Es ist eine Sammlung eminent politischer Arbeiten.

Die Angst des Tormanns beim Elfmeter hingegen ist kein Buch über den Fußball. Petar Radenkovic, einst einer der besten in Deutschland spielenden Torhüter (München 1860),

---

5 Handke: *Elfenbeinturm*, S. 7.
6 Vgl. auch Handkes Stück *Die Unvernünftigen sterben aus*, Frankfurt 1973.

ist bis zur vierten Seite vorgestoßen und hat es dann als »Unsinn« beiseite gelegt. Obwohl in diesem Buch sehr wenig vom Fußball die Rede ist und sein »Inhalt« gerade den Protest des Autors gegen den konventionellen Anspruch einer Fabel ausdrückt, sinnvolles Handeln abbilden zu können, ist es keineswegs sicher, daß die Erzählung mit einer anderen »Rahmenhandlung« und einem anderen Titel den gleichen Erfolg erzielt hätte. Allein die Wahl des Titels war ein genialischer Einfall, aus dem das Buch seine unverwechselbare Spannung bezieht.

Das Buch beginnt mit dem Satz: »Dem Monteur Josef Bloch, der früher ein bekannter Tormann gewesen war, wurde, als er sich am Vormittag zur Arbeit meldete, mitgeteilt, daß er entlassen sei. Jedenfalls legte Bloch die Tatsache, daß bei seinem Erscheinen in der Tür der Bauhütte, wo sich die Arbeiter aufhielten, nur der Polier von der Jause aufschaute, als eine solche Mitteilung aus und verließ das Baugelände.«[7]

Am Schluß ist ausführlicher vom Fußball und insbesondere vom Elfmeter selbst die Rede. Das Buch endet mit den Zeilen:

»Der Schütze lief plötzlich an. Der Tormann, der einen grellgelben Pullover anhatte, blieb völlig unbeweglich stehen, und der Elfmeterschütze schoß ihm den Ball in die Hände.«[8]

Empirisch falsch ist der Titel deshalb, weil der Torwart überhaupt keine Angst vor einem Elfmeter zu haben braucht. Der »richtige« Titel hieße also: »Die Angst des Schützen beim Elfmeter« oder »Die unbegründete Angst des Tormanns beim Elfmeter.« Der Torwart nämlich kann nur gewinnen, ja, für ihn bedeuten ein Elfmeter, oder noch besser, mehrere, erst die Chance, zum »Helden des Tages« zu werden. Die Norm ist — oder sie galt zumindest bis vor kur-

7 Handke, *Tormann,* S. 7.
8 Handke, *Tormann,* S. 112.

zem —, daß ein Elfmeter ein so gut wie sicheres Tor bedeutet. Es gibt spezielle Elfmeterschützen wie Günter Netzer und Horst Dieter Höttges, die monatelang jeden Strafstoß verwandelten, um dann bei einem ganz entscheidenden zu »versagen«. Höttges passierte das sogar in einem Länderspiel.

Ein gehaltener Elfmeter bedeutete die Ausnahme, die Durchbrechung der Norm, für den Torhüter die Chance, sich auszuzeichnen. Der berühmteste Torwart beim Abwehren von Strafstößen steht allerdings in einem Hallenhandballtor. Klaus Kater brachte, vor allem auch in wichtigen Länderspielen, die gegnerischen Spieler zur Verzweiflung, wenn es darum ging, einen »Siebenmeter« zu verwandeln. Am Schluß profitierte Kater von diesem seinem eigenen Mythos, hatte er doch bereits so viele Siebenmeter abgewehrt, daß allein die Tatsache, gegen einen Klaus Kater werfen zu müssen, die Spieler verunsicherte.

Inzwischen hat sich die Situation auf dem Fußballfeld gewandelt. Immer mehr Elfmeter werden gehalten bzw. nicht verwandelt. Betrug die Minusquote zunächst rund 20 %, so liegt sie heute in der Bundesliga an manchen Spieltagen bei fast 50 %. Die Norm, Elfmeter = Tor, wird fragwürdig.

Zurückzuführen ist dieser Trend auf die zunehmende Spezialisierung der Torhüter und die lange, relativ homogene Existenz der Bundesliga. Man kennt sich aus realen Begegnungen und aus beliebig wiederholbaren Fernsehaufzeichnungen.

Während die Professionalisierung der Feldspieler — mit Ausnahme des Mittelstürmers — darin besteht, im Idealfall ein Spezialist *und* ein Allroundkönner zugleich zu sein, liegt der Professionalisierungsprozeß beim Torhüter gerade umgekehrt in einer hochgradigen Spezialisierung. Es gilt, die zwei bis fünf potentiellen Elfmeterschützen der konkurrierenden Bundesligavereine genau zu kennen. Diese Kunst wird mit der inzwischen älter werdenden Liga von Jahr zu Jahr leichter.

Andererseits können sich natürlich auch die Schützen weiter spezialisieren. Dies ist um so wichtiger, als Pokaltreffen in bestimmten Fällen bei unentschiedenem Ausgang durch ein Elfmeterschießen entschieden werden. Dazu sind dann jeweils fünf Schützen erforderlich. Die Regel ist, daß mindestens einer sein Ziel nicht trifft.

Während Handkes Essay über den Fußball eine liebenswerte Verbeugung vor dieser Sportart darstellt und sie erneut[9] literatur- und gesellschaftsfähig gemacht hat, während die Lektüre Handkes sowohl der Literatur als auch dem Fußball neue Freunde bringen kann, sei vor den Büchern Ror Wolfs »gewarnt«[10]. Wer sie gelesen hat, verliert seine Naivität gegenüber diesem Spiel, vor allem seine Nachsicht gegenüber jeglicher Sportberichterstattung. Die Begeisterung für den Fußballsport vermag Ror Wolf kaum zu dämpfen, wohl aber die Begeisterung für die jeden Montag nachzulesende Begeisterung. Nach der Lektüre seiner Bücher ist es nicht mehr möglich, den Sportteil einer Tageszeitung unbefangen zu lesen. Die Methode des Autors ist verblüffend einfach. Er nimmt den Sport beim Wort und entdeckt eine Subkultur partieller Analphabeten.

»...aber kaum hatte es angefangen, da war man erstaunt darüber, Rupp in der Mitte zu sehen und Rühl auf der rechten Seite, keiner wußte eine Erklärung dafür, warum Gecks diesmal hinten stand und Koch an der Stelle, wo man eigentlich Kraft erwartet hatte, wenigstens Lutz war auf seinem Stammplatz zu finden, dafür suchte man Hoff vorn vergebens, er hatte den Platz mit Brungs getauscht und stand in der zweiten Reihe, neben Witt, hinter Maas, vor Olk, der an diesem Tag auf Pumms Platz stand, allerdings

---

9 Vgl. Ödön von Horváths *Legende vom Fußballplatz,* die 1925 im *Simplicissimus* erschien. Auch Horváths *Sportmärchen,* Frankfurt 1972. Handke selbst ist ein Horváth-Fan.
10 Ror Wolf: *Punkt ist Punkt. Fußball-Spiele,* Frankfurt 1971. Dazu die überarbeitete und doppelt so umfangreiche Taschenbuchausgabe, Frankfurt 1973.

bald auf die andere Seite ging und Held nach links ließ, damit Sturm aus der Mitte kommen konnte; daß das nicht klappte, lag nicht an Kik, dem Kaack ständig folgte, sondern an Rühl, der nicht an Popp vorbeikam und deshalb Löhr Platz machen mußte, Gress tauchte plötzlich vor Kleff auf, doch nun ging Lutz zurück. Kalb in die Mitte, Koch wich nach rechts aus, Brungs zwängte sich zwischen Moll und Dulz, Held ging nach vorn, und als Wüst hinter Horr auftauchte, wußte Maas nicht wohin, links ging jetzt Ohm vorbei, Rupp kam um Pumm herum, aber keiner war mitgelaufen, alles drängte zu sehr in die Mitte, Feghelm stand falsch, aber Wolter stand richtig, ohne ihn stünden die Gäste nicht da, wo sie stehen.«[11]

Natürlich muß so etwas dabei herauskommen, denkt der Leser, wenn man von dichterischer Freiheit nur ausgiebig Gebrauch macht. Manipulation durch Montage. Nein, dieser Text ist geradezu ein Musterbeispiel für Logik und Überschaubarkeit, verglichen mit einigen Sportberichten am Montag. Nicht nur *Bild* liefert jede Woche den Beweis dafür, daß die deutsche Sprache keineswegs so schwierig ist, wie Kritiker ihr immer wieder unterstellen. Die Fußballberichterstattung beispielsweise der *Frankfurter Rundschau*[12] unterscheidet sich nur graduell, nicht prinzipiell von der der *Bild*-Zeitung.

Der Kritiker Urs Widmer hat das Dilemma Ror Wolfs und das eines jeden kritischen Fußball-Fans deutlich gesehen. »Ohne Schaden läßt sich offenbar diese Sprache nicht in ihre Elemente zerlegen: dann geht auch die schöne Fußball-Welt in Brüche. Fußball-Sprache zu ›entlarven‹ und trotzdem ein Eintracht-Fan zu bleiben, das ist so etwas wie die Quadratur des Zirkels.«[13]

---

11 Ror Wolf 1971, S. 14: *Stehen Gehen.*
12 Hier kommt noch ein unerträglicher Lokalpatriotismus hinzu.
13 *Die Eintracht schießt ein Tor* in: Lothar Baier (Hrsg.): *Über Ror Wolf,* Frankfurt 1972, S. 63.

Für sich selbst hat Ror Wolf dieses Dilemma gelöst. Er ist nach wie vor ein Fan der Frankfurter Eintracht, kennt die gesamte Mannschaft persönlich und kann jenen Prozeß fortschreitender Intellektualisierung in dieser Sportart bestätigen. Kritiker, die ihm eine negative Einstellung gegenüber dem Fußball nachsagen, liegen vollkommen falsch. »Wir haben am Wochenende wieder gewonnen«, sagt er im Stil eines echten Fans, um dann zu später Stunde darauf zu bestehen, auch an jenem legendären Tage X habe die Mannschaft so und nicht anders gespielt. Er läßt sich, jetzt selbst ein Spieler, auf eine Wette ein und verliert. Dieser Autor wäre viel erfolgreicher, hätte er seine Arbeiten in umgekehrter Reihenfolge veröffentlicht. Zuerst die Fußball-Bücher, dann die Moritaten im Stile Morgensterns und erst danach »Danke schön. Nichts zu danken«. Mit seinen seit 1964 erschienenen Büchern, die herkömmliche Sprach- und Denkklischees in Frage stellen, war Ror Wolf seiner Zeit voraus. Als sie ihn eingeholt hatte, ernteten jüngere Autoren Ruhm mit vergleichbaren Texten. Zu wünschen wäre ihm, daß er auf dem Umweg über seine Fußball-Bücher neue Leser gewinnt. Denn es ist für einen Autor — im Gegensatz zur Situation des Verlags — so unergiebig, erst posthum berühmt zu werden. Doch »die Zeiten ändern sich, und vielleicht ändern sie sich wieder« (Max Merkel).

DER DICHTER UND DAS SPIEL

Max Frisch erhielt einen seiner vielen Literaturpreise, in Niedersachsen dieses Mal. Von den Honoratioren, für die jene Begegnung mit Frisch zweifellos zu den Höhepunkten zumindest ihres »kulturellen Lebens« zählen sollte, gefragt, welchen Wunsch man ihm in dieser Stadt noch erfüllen könne, erwiderte Max Frisch den verschreckten Kulturbeamten: »Ich hätte gern zwei Karten für das Fußballspiel X gegen Y«. Daß es sich hier um mehr als einen Gag handelt, zeigt ein Blick in das erste Tagebuch des Autors: »Ich weiß nicht, warum ich von allen Kameraden der einzige war, der nie einen Karl May las, eigentlich auch keine anderen Bücher; außer Don Quixote und Onkel Toms Hütte, die mir unsäglich gefielen, aber genügten. Was mich unersättlich begeisterte, war Fußball und später Theater.«[1]

Witold Gombrowicz blieb, 1939 auf einer Reise nach Argentinien vom Ausbruch des Zweiten Weltkriegs überrascht, 23 Jahre in Südamerika, ehe er über Berlin nach Südfrankreich zurückkehrte. Beinahe wäre dieser »Ausflug« unterblieben. Am Abend vor der Abreise fehlte ihm die erforderliche Bescheinigung des Militärs. Als er verspätet bei den Behörden eintraf, wurde ihm der Einlaß verweigert. Wenige Minuten danach erschien eine Fußballmannschaft mit der Bitte um einen Stempel für eine Reise nach Dänemark. Gombrowicz hatte Glück.[2]

Albert Camus stand als 17jähriger im Tor des Clubs »Racing Universitaire«. Aus einem dieser Spiele holte

---

1 Max Frisch: *Tagebuch 1946–1949*, Frankfurt 1970, S. 275 (zuerst 1950).
2 Witold Gombrowicz/Dominique de Roux: *Gespräche*, Pfullingen 1969. Vgl. auch: *Die Tagebücher*, Bd. 2, Pfullingen 1970, S. 168.

er sich eine Erkältung, die zur Lungenentzündung und schließlich zur Tuberkulose führte. Diese Krankheit bewahrte ihn davor, als Lehrer in Algerien zu bleiben und sie lehrte ihn zugleich, sehr rationell mit seinen Kräften umzugehen, daß heißt sehr methodisch zu arbeiten. Letzten Endes begünstigte diese Krankheit, so schreibt er selbst, »jene Freiheit des Herzens, jenes unmerkliche Abstandwahren gegenüber den Interessen der Menschen, das mich vor jedem Ressentiment bewahrt hat. Seit ich in Paris lebe, weiß ich, daß dies ein königliches Vorrecht bedeutet. Aber ich habe es rückhaltlos und ohne Gewissensbisse genossen . . .«[3]

3 Albert Camus: *L-Envers et L-Endroit (Licht und Schatten)*. zitiert nach Morvan Lebesque: *Camus*, Reinbek 1960, S. 19.

3. Versuch, die Faszination des Fußballspiels zu verstehen

>»Das Geheimnis des Fußballs ist ja der Ball.«
>Uwe Seeler

In den bisherigen Interpretationen des Fußballsports wurde meist nur eine seiner Dimensionen berücksichtigt, beispielsweise der Prozeß der Kommerzialisierung. Die vorliegende Arbeit ist der Versuch, ihn in seiner Komplexität zu erfassen. Das folgende Schaubild soll diesen Ansatz und seine Ergebnisse noch einmal zusammenfassen. In einer multifaktoriellen und multifunktionalen Analyse wird der Berufsfußball als ein Netzwerk vielfältiger Interessen interpretiert. Auf dem Schaubild erscheinen alle Faktoren gleichrangig. Erst die Studie selbst und insbesondere das folgende Fazit enthalten den Versuch einer Gewichtung.

Interessen und Funktionen der Bezugsgruppen
im Fußballsport

Bezugsgruppen	Interessen	Funktionen
Zuschauer	ein spannendes Spiel zu sehen; eine Sensation selbst mitzuerleben; Sieg der eigenen Mannschaft (Fans)	*Teil*finanzierung des Spectaculums; Ritual legalisierter Raserei (Aggression und Kompensation); Identifikation mit Mannschaft, Star, Siegern
Berufsspieler	Verbesserung spezieller Qualifikationen (Professionalisierung) = Gehaltsmaximierung sozialer Aufstieg, soziale Sicherung; Aufbau einer Interessenvertretung; Versuch, ein internationaler Star zu werden	Stärkung des Leistungsprinzips als gesellschaftliche Norm; Illusion vom unbegrenzten Aufstieg; Schutz gegenüber dem DFB und dem eigenen Verein; mythologische Funktion der Aktiven (Lenk)

Bezugsgruppen	Interessen	Funktionen
Trainer	Siege der Mannschaft als Erfolge der Taktik zu interpretieren	Sündenbock bei Mißerfolgen; Repräsentant der Autorität oder Kollegialität
Vereine	Gewinn als Wirtschaftsunternehmen; Repräsentation der Mäzene und Funktionäre	Organisation der Profispiele als Geschäft, der Amateurspiele als Alibi sowie als Auslese des professionellen Nachwuchses; Integration der Fans
Verband (DFB)	Sicherung seiner juristischen und finanziellen Autonomie und Monopolstellung	Organisation des Spielplans; Überwachung der Regeln; Einsatz der Schiedsrichter; Geschäftspartner des Fernsehens
Kommunen	lokale Repräsentation mit mittelfristigen ökonomischen Interessen	Subventionsspender aus Steuergeldern; Identifikation Mannschaft = Stadt
Staat	nationale, gesellschafts- und parteipolitische Repräsentation	Identifikation Nationalmannschaft = Staat bzw. Gesellschaftssystem/Minister = Fußball; Ablenkung von politischen und sozialen Problemen
Wissenschaft	Weiterentwicklung u. a. der (Sport-)Medizin, Sozialpsychologie und sozialwissenschaftlicher Theoriebildung	Verwissenschaftlichung des Alltagslebens; Wiederentdeckung der »Massen«
Industrie	Identifikation der Stars mit bestimmten Produkten; Förderung des Farbfernsehens; Unterlaufen der Werbegebühren im Fernsehen durch Schleichwerbung	(Betriebsfußball: Gleichheit als Spiel)

Bezugsgruppen	Interessen	Funktionen
Fernsehen	Förderung illegitimer Werbeträger, den Organisatoren und Financiers von Sportveranstaltungen; preiswerte Sendungen als Drama (Spiel) oder Show (Vorschau, »Interviews«)	Multiplikator der Faszination; Verbesserung eines Spiels durch die Kopie; Produktion neuer Showstars; teilweise systematische Verdummung der Zuschauer durch 1:0-Journalismus
Tagespresse	Fußballberichterstattung als Kaufanreiz; enge Zusammenarbeit mit dem lokalen Verein, um Informationen und Anzeigen (der Mäzene) zu erhalten	teilweise systematische Verdummung der Leser durch 1:0-Journalismus

Ein Fußballspiel fasziniert, weil seine Regeln klar sind und das Spiel überschaubar ist. Es vermittelt eine Transparenz, die weder in der Arbeitswelt noch im politischen Leben auch nur annähernd erreicht wird; weil seine auf wenige Symbole reduzierte Sprache ein ideales Mittel der Kommunikation bildet; weil die Klarheit des Spielgeschehens und die Simplizität, es zu kommentieren, Millionen von Zuschauern in die Lage versetzt, sich als »Experte« zu fühlen; weil dieses »Expertenwissen« die Voraussetzung zur Kommunikation ist zwischen Menschen verschiedener sozialer Schichten; weil es dem Einzelnen erlaubt, auf Zeit in der Masse aufzugehen; weil es den zur Masse gewordenen Individuen ermöglicht, Aggressionen freizusetzen; weil es der Kommunikation bedarf zwischen den Spielern auf dem Rasen und den Massen auf den Rängen; weil es in zahlreichen Fällen einfach schön ist und den Bereich des angeblich nur Notwendigen überschreitet; weil Unvorhergesehenes möglich ist, weil es Raum für Überraschungen und Sensationen bietet, die der Zuschauer selbst miterlebt; weil es unwiederholbare, also schicksalartige Situationen schafft; weil es die

Möglichkeit bietet zur Identifikation mit einer Mannschaft oder einem Star, zur Identifikation mit Siegern und Besiegten; weil es also die Möglichkeit bietet zur Euphorie und zur Melancholie; weil seine Klarheit euphorisch sein kann.

Diese Sätze haben wahrscheinlich Gültigkeit für die meisten Länder, in denen der Fußballsport eine dominierende Rolle spielt. Darüber hinaus gibt es zwei Gründe, die die Faszination des Fußballsports gerade hierzulande zu erklären vermögen. Schon Lenin riet seinen Landsleuten emphatisch, in Organisationsfragen beim Deutschen zu lernen.[1] 80 000 Menschen sehr rasch in ein Stadion zu transportieren, sie dort zu bändigen und sie anschließend wieder nach Hause zu geleiten, ohne daß der Verkehr zusammenbricht, darauf verstehen wir uns. Gelernt ist gelernt. Wenn die Ordner versagen, bleiben immer noch die Hunde.[2] Und ein deutscher Schäferhund versteht keinen Spaß. Neben die Liebe zur perfekten Organisation tritt das Engagement für eine perfekte und das heißt *sofortige* Anwendung der Gesetze. Der »Sünder« auf dem Fußballfeld wird bestraft unter dem Gejohle der Massen: ihm wird die gelbe Karte gezeigt und zuweilen wird er vom Platz gewiesen (rote Karte). Es gibt Freistöße und die berühmten Elfmeter. Alles hat seine Richtigkeit, denn es geschieht im Rahmen der Legalität, nach schriftlich festgelegten Regeln. Ein Irrtum ist ausgeschlossen. — 1831 strömten die Leute zusammen, um der letzten öffentlichen Hinrichtung in Bremen beizuwohnen.

Die Lieblingsberufe der Deutschen sind der des Richters und der des Schulmeisters: im Straßenverkehr, als Zuschauer im Stadion und selbst als Spieler auf dem Rasen. Man versucht nicht, einer kritischen Situation durch ein geschicktes, improvisiertes, das heißt nichtorganisiertes Ma-

1 W. I. Lenin in: *Ausgewählte Werke*, Bd. II, Berlin (DDR) 1963, S. 705.
2 Vgl. die unwürdige Szene während des Länderspiels Bundesrepublik—Frankreich (Oktober 1973).

növer auszuweichen, sondern man beharrt auf *seinem Recht.* Und man verzichtet darauf nur, wenn der andere Verkehrsteilnehmer sich solange bedankt hat, bis ein Auffahrunfall sich kaum noch vermeiden läßt. Auf dem Rasen hat der Spieler sich zu entschuldigen. Die Spieler selbst wiederum vertrauen zuweilen nicht auf ihr eigenes Können, sondern auf *ihr* Recht. Merkwürdigerweise reklamieren sie meist *vor* einer Schiedsrichterentscheidung, viel seltener danach. Es geschieht ein Foul vor dem Strafraum. Der Schiedsrichter zögert für Bruchteile einer Sekunde, um zu entscheiden, ob die Vorteilsregel anzuwenden ist oder nicht. Die Abwehrspieler wiederum erwarten den Pfiff und stellen, obwohl als Profi hochdotiert, ihre Arbeit ein. Inzwischen schießen die Stürmer ein Tor.

Dieser Hang, sich auf Entscheidungen der Obrigkeit zu verlassen, läßt sich in fast jedem Spiel beobachten. Insbesondere muß er als eine Schwäche der westdeutschen Nationalmannschaft angesehen werden. Abgehärtete Profis wie beispielsweise Italiens Fußballspieler verstehen in diesem Punkt keinen Spaß. Zur Perfektion dieses Systems gehört die bewußte Regelübertretung, die kalkulierte Unfairness, die beherrschte Eskalation. Ihr mit den gleichen Mitteln zu begegnen, ist der erste Schritt zur Niederlage. Zur Mentalität levantinischer Länder gehört eine doppelte Moral; der gelungene Versuch, den Gegner übers Ohr zu hauen, gilt keineswegs als unehrenhaft. Eine Schande ist nur die Niederlage. Bei einem Sieg hingegen wird man in italienischen Zeitungen lange nach kritischen Stimmen suchen.

Der Stierkampf in Spanien und Südfrankreich, die Bedeutung des Kulinarischen in Frankreich und Italien sind — unter funktionalen Aspekten — Ausdruck des Irrationalen, gebändigt durch ein Ritual. Der Fußballsport als Ganzes in seiner Mischung aus Geschäft und Mythos, aus Ritual und Symbol ist seiner Struktur nach ebenfalls irrational. Spezifisch deutsch nun ist der Versuch, das Alogische rational erfassen zu wollen. Je genauer man den Fußballsport analysiert, desto weniger läßt er sich in eines der heute so beliebten Schemata pressen. Wie leicht wäre diese Gesellschaft zu verändern, wenn es tatsächlich nur darum ginge, die Fußballbegeisterung in andere Bahnen zu lenken. Verkörpert der Fußballsport für die Zuschauer die Ideologie eines repressiven Systems mit dem Ziel, die Beherrschten abzulenken, dient er als Ersatz einer kognitiven Selbst- und Weltdeutung? Ist er nichts weiter als ein Abbild der bestehenden Arbeits- und Berufswelt, also eine Verdoppelung der Arbeitswelt?

Das Fußballspiel erfüllt die Funktion eines Ritus. Der Fußballsport ist ein in sich geschlossenes Subsystem innerhalb dieser Gesellschaft. Gegenüber der programmierten Kälte eines Arbeitsalltags, gegenüber der Intransparenz des politisch-ökonomischen, gegenüber der elitären Arroganz des kulturellen Bereichs gewinnt ein Fußballspiel eine rituelle Funktion, jene glückliche Klarheit, die sonst ein Privileg der Naiven ist und der Kinder. Auch der kommerzialisierte Fußball bleibt ein Ritual, auch und gerade Profifußball ist voller Dramatik. Durch die Einbeziehung ökonomischer Interessen und ihre kriminellen Folgen wurde er lediglich um zwei Dimensionen erweitert. Vielleicht braucht der Mensch Rituale und Symbole. Gemessen an den Symbolen, die die Vergangenheit dieses Landes geprägt haben, ist der Fußballsport harmlos. Als sich nach dem Endspiel um die Fußballeuropameisterschaft zwischen der Sowjetunion und der Bundesrepublik in Brüssel westdeutsche Fans laut, allzu laut in der belgischen Hauptstadt benahmen, waren überraschende Kommentare die Folge. In zahlreichen westdeutschen Zeitungen hieß es, das sei ein peinlicher Vorfall, überhaupt und zumal in Belgien. Es war die Rede von einer zweiten Invasion. Belgische Zeitungen hingegen schrieben entzückt, die deutschen Schlachtenbummler hätten sich so verhalten, wie die Fans aller sportbegeisterten Länder; jetzt endlich wüßten sie, was die Sorgen der Deutschen seien; das sei ein Grund zur Beruhigung.

Die Elemente der Show, des Geschäfts und der Arbeit im Fußballsport sind Ausdruck einer systembedingten ökonomischen Realität, die Elemente des Spiels und vor allem die des Kampfes sind Symbole des Mythos. Showgeschäft und eine spezifische Form der Arbeitsteilung sind unverwechselbare Charakteristika unserer Gegenwart; sie allein jedoch vermögen diese Gegenwart nicht zu prägen.

Es geht hierbei um das Verhältnis des Vorzeitigen zum Gleichzeitigen. Mythen sind nicht ausschließlich in sich geschlossenen Perioden vergangener Kulturen zuzuordnen und als solche nur für Ethnologen und Archäologen von Interesse. Sie sind zugleich ein Teil unserer Wirklichkeit, geschichtlich als Element der Gegenwart und nicht ausschließlich das Objekt historischer und prähistorischer Forschungen zum besseren Verständnis der Vergangenheit.[3]

Nach v. Krockow »bringt der Sport die Prinzipien der Industriegesellschaft weit besser zum Ausdruck als diese selbst«.[4] Leistung, Konkurrenz und vor allem Objektivität seien hier optimal gegeben.

Der moderne Fußballsport verdankt seine Verbreitung der zunehmenden Industrialisierung. Seine Entwicklung ist synchron verlaufen mit der der Technik. Das ständig steigende Tempo der Spiele spiegelt diese Tatsache wider. Mit der Abschaffung der Abseitsregel und dem Einsatz von mehr als 13 Spielern während eines Spiels läßt es sich noch erheblich steigern. Bis es an jene Grenzen stößt, die der

---

3 Vgl. zum neuesten Stand der Diskussion vor allem: Hans Blumenberg: *Wirklichkeitsbegriff und Wirklichkeitspotential des Mythos*, in: Manfred Fuhrmann (Hrsg.): *Terror und Spiel, Probleme der Mythenrezeption*, München 1971, sowie Gerd Brand: *Gesellschaft und persönliche Geschichte, Die mythische Sinngebung sozialer Prozesse*, Stuttgart 1972. Für Frankreich und die dort dominierende Neigung, alles als Mythos zu betrachten, vgl. neben Roland Barthes (s. o.) vor allem ein Sonderheft von *Esprit* (4/1971) unter dem Titel: *Le Mythe aujourd'hui*.

4 Christian Graf v. Krockow: *Sport und Industriegesellschaft*, München 1972, S. 96.

Fortentwicklung industrialisierter Gesellschaften bereits im Wege stehen.

Allerdings ist auch anderen Berufssportarten in der Vergangenheit immer wieder der Tod vorhergesagt worden: dem Boxen und dem Radsport vor allem. Von der »Krise des Sports« wußte Bertolt Brecht schon 1928 zu berichten.[5] Gerade jetzt zeichnet sich in der Bundesrepublik ein neuer Aufschwung dieses Sports ab. Die 6-Tage-Rennen waren bereits beerdigt, als die Zuschauer erneut in Massen strömten. Zwar gibt es, das stimmt, nur noch wenige gute Profifahrer und insbesondere nur wenig einheimische, doch irritiert das die Zuschauer wenig. 6-Tage-Rennen sind die Schützenfeste einer Großstadt geworden — falls sie je etwas anderes waren —, eine Unterhaltung, bei der nur »diese Radfahrer« zuweilen als störend empfunden werden.

Während die augenblickliche Krise des bundesrepublikanischen Fußballsports die Folge einer zu geringen und in Teilbereichen nicht einmal vorhandenen Professionalisierung ist, sind seine Zukunftsaussichten durch Überbetonung der manageriellen, ökonomischen und professionellen Komponente begrenzt. Nach guter deutscher Sitte verfällt man von einem Extrem ins andere. Sechs Fehler, so schrieb *Bild*, seien Schuld an der 0:4-Niederlage des FC Bayern gegen Ajax Amsterdam am 7. 3. 1973. Das naheliegende Argument, der Gegner sei einfach besser gewesen, war nicht darunter. Erstrebt wird die totale Perfektion analog der Entwicklung in den Naturwissenschaften. Wenn Maier nicht mehr einen Ball vor den Fuß des Gegners prallen lassen darf, wenn Müller jedesmal ein Tor schießen muß, wenn Beckenbauer immer als Europas Fußballer des Jahres aufspielen *muß,* dann verliert das Spiel seinen Reiz.

Seine Faszination jedoch liegt nicht allein in der Perfektion, sondern vor allem auch in jenem dramatischen Geschehen,

5 Bertolt Brecht: *Die Krise des Sportes, Gesammelte Werke,* Bd. 20, Frankfurt 1967, S. 26 ff.

das die Grenzen der Perfektion sprengt. Insofern werden im Fußballsport die Wertvorstellungen industrialisierter Gesellschaften kopiert und zugleich in Frage gestellt. Ein Fußballspiel ist auch ein Protest gegen diese Werte. Zu den Grundprinzipien dieser Sportart gehören Leistung, Objektivität und Disziplin, aber dramatisch wird ein Spiel zuweilen erst, wenn diese Werte gleichzeitig ins Wanken geraten. Wenn der berühmte Außenstürmer einen schlechten Tag erwischt, der Schiedsrichter zum wiederholten Mal einen eindeutigen Elfmeter nicht gibt, die Spieler sich überhaupt nicht um die taktischen Anweisungen ihres Trainers kümmern. Der Schiedsrichter wird in der Regel respektiert als derjenige, der für Ordnung sorgt, nicht selten aber auch verprügelt. Der Trainer wird heute umjubelt als uneingeschränkte Autorität (»mein taktisches Konzept ist voll aufgegangen«) und eine Woche später fristlos entlassen. Die Heimmannschaft wird frenetisch angefeuert und noch im selben Spiel erbarmungslos ausgelacht, als Objekt der Identifikation und der Aggression in einem. Gesellschaftliche Ideale werden im Fußballstadion kopiert und verworfen zugleich. Eine Gesellschaft, in der Fußball eine dominierende Rolle spielt, leistet sich nicht selten den Luxus, Teile ihres eigenen Wertsystems für 90 Minuten außer Kraft zu setzen. Der Vorgesetzte im Betrieb verlangt eine konstante Leistung, der Verkehrspolizist immer wieder die Einhaltung aller Regeln. Die Befugnisse sind klar, die Rollen verteilt. Es empfiehlt sich nicht, einen der beiden zu verprügeln.

Das Fußballspiel ist ein Plädoyer für das nicht Planbare[6], für Überraschung und Sensation, für Symbolik inmitten einer sehr nüchternen Realität. Die Begeisterung für den Fußballsport spiegelt den Wunsch einer Gesellschaft nach Irrationalem wider oder den nach Mythen, was nicht un-

---

6 Vgl. hierzu Dieter Wellershoff: *Literatur und Lustprinzip,* Köln 1973. Wellershoff, selbst Fußball-Fan, bejahte die Frage nach möglichen Parallelen zwischen den Funktionen der Literatur und des Sports.

bedingt das gleiche ist. Die Sehnsucht nach einem spannenden und schönen Fußballspiel ist, gemessen an dem, was in dieser Gesellschaft besser sein könnte, ein überflüssiger Traum, gewiß.[7] Vielleicht gehört es zu jenem Überflüssigen, von dem Ortega gesagt hat, es allein sei notwendig für den Menschen.[8]

7 Vgl. hierzu grundlegend Urs Widmer: *Das Normale und die Sehnsucht,* Zürich 1972.
8 José Ortega y Gasset: *Betrachtungen über die Technik,* Stuttgart 1949.

ERINNERUNGEN AN JERZY LEC[1]

»Schade, daß man ins Paradies mit einem Leichenwagen fährt«, sagte sich der Fußballprofi und ließ sich bereits im Diesseits bestechen.

»Wer seine Rolle im Leben begriffen hat, sucht sich beizeiten ein Double«, dachte Lorenz Horr, Regisseur von Hertha BSC, als er von den korrupten Plänen seiner Kollegen hörte, fuhr für eine Woche nach Westdeutschland und blieb ohne Sperre.

»Es gab Zeiten, da man die Sklaven legal kaufen mußte.«

»Wenn Gerüchte alt werden, werden sie Mythos«, resümierte der DFB nach mehrjährigen Gerichtsverhandlungen, erklärte Schalke 04 zum Deutschen Meister und Hertha BSC zum Pokalsieger.

»Im Kampf der Ideen fallen Menschen«, sagte der 1. FC Nürnberg, entließ mehrere seiner Trainer und stieg aus der Bundesliga ab.

»Sei kein Snob. Lüge nie, wo die Wahrheit besser bezahlt wird«, überlegte der frühere Schalker Torwart Dieter Burdenski (Werder Bremen), gestand alles ein und wurde für nur drei Monate gesperrt.

»Man sollte immer von hinten anfangen«, dachten sich die Gegner des 1. FC Köln und bestachen mit Erfolg deren Torwart Manfred Manglitz.

»Es gibt Volkstragödien, die keine Pause kennen.«

»Ende der Todesanzeige: Er ist nicht tot. Er hat seine Lebensweise geändert«, sagte der DFB über den Fußballsport und legalisierte die Korruption.

---

1 Die Zitate stammen aus den im Hanser-Verlag erschienenen Werken von Lec, die Erinnerungen aus Gesprächen in Wien, 1961/62.

Anhang

I. Literaturverzeichnis

Ausführliche Literaturhinweise enthalten insbesondere die Werke folgender Autoren: zum Sport unter philosophischen, theologischen, soziologischen, pädagogischen und medizinischen Aspekten Baitsch u. a. 1972; zur Soziologie und Philosophie des Sports Lenk 1972 a; zur Kleingruppenforschung Lüschen 1966; zur Psychologie und Soziologie der Massen Reiwald 1946[2] und Canetti 1960, zur Soziologie der Massenkommunikation Silbermann/Krüger 1973; zur Soziologie der Freizeit Scheuch/Meyersohn 1972 und zur Berufssoziologie Hesse 1972[2]. — In die vorliegende Bibliographie wurden einige Arbeiten aufgenommen, deren Ergebnisse im Text selbst nicht mehr berücksichtigt werden konnten.

1. Bücher

Aczel, Tamas und Tibor Meray, 1959
   Die Revolte des Intellekts. Die geistigen Grundlagen der ungarischen Revolution, München (o. J.), zuerst New York
Albonico, Rolf und Katharina Pfister-Binz, 1971
   Soziologie des Sports, 10. Magglinger Symposium, Basel
Baitsch, Helmut, Hans-Erhard Bock, Martin Bolte, Willy Bokler, Ommo Grupe, Hans-Wolfgang Heidland und Franz Lotz (Hrsg.), 1972
   Sport im Blickpunkt der Wissenschaften, Berlin, Heidelberg, New York (Originalausgabe: *The Scientific View of Sport,* New York 1972)
Barthes, Roland, 1970[2]
   Mythen des Alltags, Frankfurt (*Mythologies,* Paris 1957)
Bertaux, Pierre, 1971
   Mutation der Menschheit, München (zuerst 1963)
Böhme, Jac-Olaf und Jürgen Gadow, Sven Güldenpfennig, Jörn Jensen, Renate Pfister, 1972[2]
   Sport im Spätkapitalismus, Frankfurt (zuerst 1971)
Bourdieu, Pierre und Jean-Claude Passeron, 1973
   Grundlagen einer Theorie der symbolischen Gewalt, Frankfurt (*Fondements d'une théorie de la violence symbolique* 1970 und *Reproduktion culturelle et reproduction sociale* 1972)
Buytendijk, Frederik J. J., 1953
   Das Fußballspiel, Würzburg (*Het voetballen. Een psychologische studie,* Utrecht/Antwerpen 1952)

Canetti, Elias, 1973
  Masse und Macht, München 2 Bde. (zuerst Hamburg 1960)
Canetti, Elias, 1973
  Die Provinz des Menschen. Aufzeichnungen 1942–1972, München
Dunning, Eric (ed.), 1971
  The Sociology of Sport, London
Elias, Norbert, 1971²
  Was ist Soziologie?, München (zuerst 1970)
Ellul, Jacques, 1964
  The Technological Society, New York (*La technique ou l'enjeu du siècle*, Paris 1954)
Fischer, Rudolf, 1961
  Masse und Vermassung, Zürich
Gehlen, Arnold, 1961
  Die Seele im technischen Zeitalter, Reinbek (zuerst 1949 und 1957)
Geiger, Theodor, 1926
  Die Masse und ihre Aktion, Berlin
Goffman, Erving, 1969
  Wir alle spielen Theater, München (*The Presentation of Self in Everyday Life*, New York 1959)
Goffman, Erving, 1973
  Interaktion: Spaß am Spiel. Rollendistanz, München (*Encounters*, Indianapolis 1961)
Gröning, Manfred, 1969
  Alle Tage Fußball, München
Grube, Frank und Gerhard Richter (Hrsg.), 1973
  Leistungssport in der Erfolgsgesellschaft, Hamburg
Handke, Peter, 1972
  Die Angst des Tormanns beim Elfmeter, Frankfurt (zuerst 1970)
Handke, Peter, 1972
  Die Welt im Fußball, in: *Ich bin ein Bewohner des Elfenbeinturms*, Frankfurt (zuerst 1965)
Heimann, Karl-Heinz und Karl-Heinz Jens (Hrsg.), 1973
  Kicker-Almanach 1974, München
Herberger, Sepp (Hrsg.), 1973
  Fußball WM. Unter Mitarbeit von Walter Umminger, Karl-Heinz Huba und Ulfert Schröder, Kemnat
Hesse, Hans Albrecht, 1972²
  Berufe im Wandel, Stuttgart (zuerst 1968)

Huizinga, Johan, 1956
  Homo Ludens. Vom Ursprung der Kultur im Spiel, Reinbek
  (zuerst Wien/Köln/Brüssel 1938)
Jens, Walter, 1973
  Fernsehen — Themen und Tabus. Momos 1963-1973, München
Jordan, J. M., 1951
  *The long range effect of television and other factors on sports
  attendance,* Washington D. C.
Kracauer, Siegfried, 1971
  Die Angestellten, Frankfurt (zuerst 1930)
Krockow, Christian Graf von, 1972
  Sport und Industriegesellschaft, München
Lavall, Kurt, 1973
  Fußball — das Spiel der Welt, Bonn
Le Bon, Gustave, 1964
  Psychologie der Massen, Stuttgart (*Psychologie des foules,*
  Paris 1895)
Lefebvre, Henri, 1972
  Das Alltagsleben in der modernen Welt, Frankfurt (*La vie
  quotidienne dans le monde moderne,* Paris 1968)
Lenk, Hans, 1970
  Leistungsmotivation und Mannschaftsdynamik, Schorndorf
Lenk, Hans, 1972 a
  Leistungssport: Ideologie oder Mythos? Stuttgart
Lenk, Hans, 1972 b
  Materialien zur Soziologie des Sportvereins, Ahrensburg
Lenz, Siegfried, 1973
  Das Vorbild, Hamburg
Linde, Hans und Klaus Heinemann, 1968
  Leistungsengagement und Sportinteresse, Schorndorf
Lüdtke, Hartmut, 1972
  Freizeit in der Industriegesellschaft, Opladen
Lüschen, Günther (Hrsg.), 1966
  Kleingruppenforschung und Gruppe im Sport, Sonderheft 10
  der *Kölner Zeitschrift für Soziologie und Sozialpsychologie*
Merkel, Max, 1968[3]
  Trainer mit Zuckerbrot und Peitsche, München
Merleau-Ponty, Maurice, 1967[6]
  La structure du comportement, Paris (zuerst 1942)
Miermans, C. G. M., 1955
  Voetbal in Nederland, Assen
Operhalsky, Siegfried, 1974
  Das Leistungsprinzip im Sport, Dipl. TU Berlin, Masch.-Man.

147

Ortega y Gasset, José, 1956
  Der Aufstand der Massen, Hamburg (zuerst Madrid 1930)
Plessner, Helmuth, Hans-Erhard Bock und Ommo Grupe (Hrsg.), 1967
  Sport und Leibeserziehung, München
Prokop, Ulrike, 1971
  Soziologie der Olympischen Spiele. Sport und Kapitalismus, München
Rapp, Uri, 1973
  Handeln und Zuschauen, Darmstadt und Neuwied
Rauball, Reinhard, 1972
  Bundesliga-Skandal, Berlin/New York (eine Dokumentation)
Reich, Wilhelm, 1971
  Die Massenpsychologie des Faschismus, Köln *(The Mass Psychology of Fascism* 1933)
Reiwald, Paul, 1946[2]
  Vom Geist der Massen, Zürich
Richter, Jörg (Hrsg.), 1972
  Die vertrimmte Nation oder Sport in rechter Gesellschaft, Reinbek
Riesman, David, Reuel Denny und Nathan Glazer, 1958
  Die einsame Masse, Reinbek *(The Lonely Crowd* 1950)
Rigauer, Bero, 1969
  Sport und Arbeit, Frankfurt
Sartre, Jean-Paul, 1962
  Das Sein und das Nichts, Hamburg *(L'Etre et le Néant,* 1943)
Sartre, Jean-Paul, 1967
  Kritik der dialektischen Vernunft, Reinbek *(Critique de la Raison dialectique,* Paris 1960)
Scheuch, Erwin K. und Rolf Meyersohn (Hrsg.), 1972
  Soziologie der Freizeit, Köln
Schwarz, Karl (Hrsg.), 1969 und 1970
  Der olympische Kranz und *Im Stadion.* Sporterzählungen von Schriftstellern, München
Seyppel, Joachim, 1973
  Wer kennt noch Heiner Stuhlfauth, München
Silbermann, Alphons und Udo Michael Krüger, 1973
  Soziologie der Massenkommunikation, Stuttgart
Veblen, Thorstein, 1971
  Theorie der feinen Leute, München *(The Theory of the Leisure Class* 1899)
Vinnai, Gerhard, 1970
  Fußballsport als Ideologie, Frankfurt

Vinnai, Gerhard (Hrsg.), 1972
Sport in der Klassengesellschaft
Wagner, Helmut, 1973
Sport und Arbeitersport, Köln (zuerst Berlin 1931)
Weisweiler, Hennes, 1972[6]
Der Fußball, Schorndorf (zuerst 1959)
Winkler, Hans-Joachim, 1972
Sport und politische Bildung, Opladen
Wolf, Ror, 1971
Punkt ist Punkt. Fußball-Spiele, Frankfurt
Wolf, Ror, 1973
Punkt ist Punkt. Alte und neue Fußballspiele, Frankfurt

2. *Aufsätze*

Bakonyi, F. und I. Nádori, 1971 f.
*A magyar NB I.-es labdarúgók szociológiai és szociálpsziholó-
giai vizsgálata (Soziologische und sozialpsychologische Untersu-
chung der Fußballspieler der ungarischen Nationalliga),* in:
Testneveléstudomány (Wissenschaft für Körperkultur), Buda-
pest 1971/1 und 1972/1
Blalock, H. M., 1962
Occupational discrimination: some theoretical propositions, in:
Social Problems 9
Buytendijk, Frederik J. J., 1967
Das Fußballspiel, in: Plessner, Bock, Grupe 1967
Clignet, R., 1970
Modernization and the game of soccer in Cameroun. Man. für
den 7. Weltkongreß der Soziologie in Varna
Dunning, Eric, 1971
The development of modern football, in: Dunning, *The So-
ciology of Sport,* London, 1971
Elias, Norbert und Eric Dunning, 1966
*Zur Dynamik von Sportgruppen. Unter besonderer Berück-
sichtigung von Fußballgruppen,* in: Lüschen 1966 *(Dynamics
of group sports with special reference to football,* in: *British
Journal of Sociology* 1966/17)
Enzensberger, Hans Magnus, 1970
Baukasten zu einer Theorie der Medien, in: *Kursbuch 20*
Gamson, W. A. und Scotch, N. A., 1964
Scapegoating in baseball, in: *American Journal of Sociology*
70

Grube, Frank und Gerhard Richter, 1973
Soziologie eines Sportskandals. Krise des professionellen Leistungssports, in: Grube/Richter (Hrsg.) 1973

Grusky, O., 1963
The effects of formal structure on managerial recruitment. A study of baseball organization, in: *Sociometrie* 26

Habermas, Jürgen, 1967
Soziologische Notizen zum Verhältnis von Arbeit und Freizeit, in: Plessner, Bock, Grupe 1967 (zuerst 1958)

Hammerich, Kurt, 1972
Berufskarrieren von Spitzensportlern, in: *Sportwissenschaft* 2

Hastorf, A. H. und H. Cantril, 1954
They saw the same game: A case study, in: *J. Abnorm. Soc. Psychol.* 44

Hentig, Hartmut von, 1972
Lerngelegenheiten für den Sport, in: *Merkur* 294

Hortleder, Gerd, 1971
Der Fußball-Skandal — soziologisch gesehen. Das teure Spielzeug, in: *Die Zeit* 44

Hortleder, Gerd, 1973
Die Faszination des Fußballspiels. Ein Beitrag zu den Mythen des Alltags, in: *Frankfurter Hefte* 7

Howard, G. E., 1912
Social psychology of the spectator, in: *American Journal of Sociology* 18

Kingsmore, J. M., 1970
The effect of a professional wrestling and basketball contest upon the aggressiv tendencies of spectators, in: Kenyon, G. S.: *Contemporary psychology of sport,* Chicago

Lang, G., 1970
Riotous outbursts at sports events. Man. für den 7. Weltkongreß der Soziologie in Varna

Lüdtke, Hartmut, 1972
Sportler und Voyeursportler. Sport als Freizeitinhalt, in: Richter 1972

Lüschen, Günther, 1963
Soziale Schichtung und soziale Mobilität bei jungen Sportlern, in: *Kölner Zeitschrift für Soziologie und Sozialpsychologie* 15

Lüschen, Günther, 1972
Zur Soziologie des Sports, in: Baitsch 1972

Meyer, Heinz, 1973
Der Hochleistungssport — Ein Phänomen des Showbusiness, in: *Zeitschrift für Soziologie* 1

Mitscherlich, Alexander, 1967
  Sport — kein pures Privatvergnügen, in: Plessner, Bock, Grupe 1967
Novikov, Aleksander und M. Maksimenko, 1972
  Soziale und ökonomische Faktoren und das Niveau sportlicher Leistungen verschiedener Länder, in: *Sportwissenschaft* 2
Opaschowski, Horst W., 1973
  Freizeitforschung ohne soziale Phantasie — Kritische Analyse und Versuch einer Neuorientierung, in: *Frankfurter Hefte* 5
Plessner, Helmuth, 1963
  Die Funktion des Sports in der industriellen Gesellschaft (zuerst 1956), in: Klöhn, G. (Hrsg.) *Leibeserziehung und Sport in der modernen Gesellschaft,* Weinheim
Reich-Ranicki, Marcel, 1966
  Betrifft Literatur und Sport, in: M. R.-R. *Wer schreibt, provoziert,* München
Schultz-Gerstein, Christian, 1973
  Aktualität als Ritual. Sport im Fernsehen, in: *Die Zeit* 35
Seppänen, Paavo, 1972
  Die Rolle des Leistungssports in den Gesellschaften der Welt, in: *Sportwissenschaft* 2
Spinrad, W., 1970
  The function of spectator sport. Man. für den 7. Weltkongreß der Soziologie in Varna
Taylor, I., 1971
  »Football mad«: A speculative sociology of football hooliganism, in: Dunning 1971
Veit, Hans, 1971
  Beitrag zu einer Typologie der Ballspielmannschaften, in: Albonico/Pfister-Binz 1971

II. Grundbegriffe des Fußballspiels

Abseits: Schwierigste und umstrittenste Regel im Fußballspiel. Ihre jeweilige Änderung führt zum Wandel des gesamten Spielsystems. Ein Spieler steht abseits, wenn er in der gegnerischen Spielhälfte — ohne in Ballbesitz zu sein — keinen Feldspieler mehr vor sich hat. Da sich die Regel auf den *Zeitpunkt der Ballabgabe* bezieht, kann der angreifende Stürmer dem Verteidiger davonlaufen, sobald der Ball ihm zugespielt wird. Die Abseitsregel gilt nicht, wenn ein Spieler den Ball direkt von einem Abstoß, einem Eckstoß (→), einem Einwurf oder einem gegnerischen Spieler erhält (Beispiel: Torwartabwehr). Eine Abschaffung der Abseitsregel würde die Schnelligkeit und den Spielfluß des Fußballspiels erhöhen.

Ausputzer: siehe Libero.

Bonus-System: In Frankreich und in einer Pokalrunde der DDR zur Zeit praktiziertes System zur Förderung des Offensiv-Fußballs. Jede Mannschaft, die in einem Spiel drei Tore oder mehr erzielt, erhält einen zusätzlichen Punkt (→Tabelle) — auch wenn sie das Spiel verliert. Dieses in Frankreich bereits 1968/69 in der 2. Division erprobte System führte damals zu mehr Toren als zuvor. Größter Nachteil: die Gefahr des Betrugs wird größer. — Quelle: *L'Equipe,* 30. 8. 1973.

Catenaccio: Von dem argentinischen Trainer Helenio Herrera mit der Mannschaft von Internazionale Mailand (Facchetti, Mazzola, Suarez) entwickeltes Sicherheitssystem, bei dem die *Verhinderung von Toren* zur Hauptaufgabe wird (sechs Spieler in Zweierblock-Bildung). Hatte der Gegner *ein* Tor hinnehmen müssen, so war das Spiel praktisch entschieden. Nur mit Allroundspielern durchzuführen. Einzelheiten vgl. Gröning 1969.

Diagonalpaß: Langes genaues Zuspiel quer über das Spielfeld zur raschen Überbrückung des Raums. Im Gegensatz zum direkt nach vorn (in die Tiefe) gespielten *Steilpaß* verlagert der Diagonalpaß das Spiel von der rechten auf die linke Seite (oder umgekehrt). Ähnliches gilt für den in die Breite gespielten *Querpaß,* neben dem *Rückpaß* zugleich ein beliebtes Mittel zur Spielverzögerung. Insgesamt Trend vom früher dominierenden *Kurzpaß*spiel zum langen *Direktpaß,* der — unter erhöhtem Risiko — die Geschwindigkeit des Spiels steigert.

Doppelpaß: Zweimaliges schnelles, direktes Zuspiel zwischen zwei Spielern in vollem Lauf. Meist vor dem oder im Strafraum

(→Elfmeter) praktizierter Versuch, die gegnerischen Verteidiger ohne Dribbling (→) auszuspielen. Gegen ihn gibt es, zumal wenn er »blind«, also intuitiv gespielt wird, kaum eine Abwehrchance. Wird heute perfekt von Bayern München beherrscht, in der Vergangenheit insbesondere von den Ungarn Puskas und Hidegkuti sowie von den Brasilianern.

Doppelstopper: Spieler, der meist aus dem eigenen Sturm zur Verstärkung der Abwehr zurückgenommen wird. Gelegentliche taktische Maßnahme, um ein Unentschieden zu erreichen. Meisterschaften sind mit diesem System nicht zu erzielen.

Dribbling: Versuch eines Spielers, mit dem Ball am Fuß ohne Hilfe seiner Mitspieler meist mehrere Gegner auszuspielen. Ein Dribbling ist die beste Möglichkeit, dem Abseits (→) zu entgehen. Obwohl es in der Geschichte des Fußballspiels zugunsten des Mannschaftsspiels an Bedeutung verloren hat, werden nach wie vor Spiele von Dribblern entschieden (Libuda, Erwin Kremers, Grabowski, Wimmer sowie die meisten südamerikanischen Spieler).

Eckstoß (Ecke): Lenkt die *verteidigende Mannschaft* einen Ball über die verlängerte Torlinie ins Aus (Beispiel: der Torwart faustet einen Ball *hinter* sein Tor), so gibt es für die angreifende Mannschaft einen Eckstoß von dem Viertelkreis neben der rechten oder linken Eckfahne. Schießt die *angreifende Mannschaft* über die verlängerte Torlinie ins Aus, so gibt es *Abstoß* von der Torraumgrenze.

Elfmeter: Populäre Bezeichnung — auch »der Punkt« genannt — für den *Strafstoß.* Wird bei einer schweren Regelwidrigkeit (z. B. Handspiel oder Foul) *innerhalb des Strafraums* gegeben, des 16,50 m vor dem Tor gelegenen Raums. Torentfernung: 11 Meter. — Breite des Tores: 7,32 m. Höhe: 2,44 m.

Flanke: Meist aus der Position des Rechts- oder Linksaußen (den *Flügelstürmern)* in den Strafraum oder dessen Nähe getretener Ball. Besonders gefährlich sind *Flankenwechsel* — Querpaß von der einen Außenstürmerposition zur anderen — sowie Flanken offensiver Verteidiger aus der Position des Außenstürmers.

Freistoß: Wird häufig mit dem Strafstoß — dem Elfmeter (→) — verwechselt. Wird bei einer Regelwidrigkeit an jedem beliebigen Punkt des Spielfeldes verhängt. Bei der Ausführung des Freistoßes müssen die gegnerischen Spieler mindestens 9,15 m vom Ball entfernt sein. Dort können sie eine *Mauer* bilden, um für den Torwart eine Torecke abzuschirmen. Mit einem *indirekten Freistoß* kann nur dann ein Tor erzielt werden, wenn der Ball zuvor von einem anderen Spieler als dem, der den Freistoß ausführt, berührt worden ist. Häufige Anwendung des indirekten Freistoßes beim »Sperren ohne Ball«: ein Spieler stellt sich oder läuft zwischen Gegner und Ball, ohne den Ball spielen zu wollen.

Libero: Meist hinter der eigenen Abwehr stehender »freier Mann« ohne direkten Gegenspieler. Er erfüllt zwei Funktionen: einmal als *Ausputzer* im herkömmlichen Stil (Beispiel: Willi Schulz) die Abwehr zu organisieren und die Fehler der ausgespielten Verteidiger auszugleichen (»auszuputzen«), zum anderen durch schnelle, unerwartete Vorstöße in die gegnerische Hälfte den Angriff zu verstärken. Beckenbauer und Cullmann (in seiner Rolle beim 1. FC Köln) sind Beispiele eines Libero, der beide Funktionen optimal erfüllt.

Manndeckung: Im Gegensatz zur *Raumdeckung* — sie gilt der Abschirmung des freien Raums auf dem Spielfeld — körpernahes Spiel mit dem Ziel, den Gegenspieler schon bei der Ballannahme zu stören (Beispiel: Vogts im Gegensatz zu Beckenbauer). Meist Mischung beider Systeme in der Praxis, für die das Fazit Hennes Weisweilers gilt: »Die Spieler sind . . . entscheidend, nicht das System!«

Raumdeckung: siehe Manndeckung.

Spieleraustausch: Jede Mannschaft tritt mit elf Spielern an, kann jedoch während des Spiels zwei Spieler auswechseln. Da man nicht für jeden Spieler einen gleichwertigen Ersatzmann hat und zudem vorher nie weiß, welcher Spieler durch Verletzung ausscheidet oder unter Form spielt, nimmt die Bedeutung des Allroundspielers auch als Auswechselspieler zu. Bei strapaziösen Turnieren wie einer Weltmeisterschaft ist der optimale Einsatz von Auswechselspielern häufig entscheidend für den Gesamtsieg.

Star: Neben einer bestimmten Mannschaft das häufigste Identifikationsobjekt der Fans und einzelner Zuschauergruppen. Als »Weltstar« gelten 1973 Netzer, Beckenbauer, Müller, Breitner und Hoeneß; laut *Kicker* nur Netzer. Als »internationale Stars« gelten u. a. Overath, Höttges, Vogts, Kleff, Maier und Cullmann. Stars sind zunächst jene 22 Spieler, die zum Kreis der Nationalmannschaft gehören. An diesem Punkt setzt die Kritik am Fußballsport ein mit dem Argument, es gebe nur wenige Stars und viele Mitläufer. Die Definition des Stars ist jedoch eine Frage der Perspektive: in Gelsenkirchen z. B. ist *jeder* Spieler von Schalke 04 ein Star. Er genießt gegenüber den übrigen Arbeitnehmern ein besonderes Prestige und zieht daraus auch im Alltag Vorteile. Die Kritik am Star kommt häufig von

Personen, die auf ihrem jeweiligen Gebiet — wie der Wissenschaft oder dem Fernsehjournalismus — selbst ein Star sind.

Strafstoß: siehe Elfmeter und Freistoß.

Tabelle: Während einer Bundesliga-Saison, die in der Regel von August bis Juni dauert, trägt jede der 18 Mannschaften insgesamt 34 Punktspiele aus. Man trifft also zweimal auf jeden Gegner, einmal zu Hause, einmal auswärts auf dessen Platz. Für jedes gewonnene Spiel erhält die siegreiche Mannschaft zwei Pluspunkte, die unterlegene zwei Minuspunkte. Bei einem Unentschieden gibt es für beide Mannschaften sowohl einen Minus- als auch einen Pluspunkt. Die erfolgreichste Mannschaft am Ende der Saison ist Deutscher Fußballmeister, die beiden letzten steigen aus der Bundesliga ab.

	Spiele	g	u	v	Tore	Punkte
1. Bayern München	17	9	5	3	48:34	23:11
2. Eintracht Frankfurt	17	9	5	3	34:26	23:11
3. Bor. Mönchengladbach	17	9	3	5	42:31	21:13

Diese Tabelle besagt folgendes: nach Abschluß der ersten Saisonhälfte 1973/74 liegt Bayern München an der Spitze. Die Mannschaft hat ebenso wie Eintracht Frankfurt von insgesamt 17 Spielen neun gewonnen (=18 +Pkt.), drei verloren (= 6 —Pkt.) und fünfmal unentschieden gespielt (= 5 + und 5 —Pkt.), verfügt jedoch über das bessere Torverhältnis, das bei Punktgleichheit den Ausschlag gibt (14 Tore *Differenz* gegenüber acht bei Frankfurt).

Tackling (sliding tackling): Harter Zweikampf um den Ball durch Hineingrätschen, das Laien oft als Ausrutschen erscheint. Entscheidend ist hier wie bei jedem körpernahen Einsatz im Fußball, den Ball und nicht den gegnerischen Spieler zu treffen. In Südamerika als »unfair« verpönt, in Großbritannien und der Bundesrepublik (Höttges, Vogts, Weber) perfektioniert.

Vier-zwei-vier-System: Taktische Grundaufstellung einer Mannschaft: 4 Abwehrspieler, 2 Mittelfeldspieler und 4 Stürmer (4-2-4), meist jedoch variiert mit 3 Mittelfeldspielern und 3 Stürmern (4-3-3), seltener: je 4 Abwehr- und Mittelfeldspieler mit nur 2 Sturmspitzen (4-4-2). (Einzelheiten siehe Kapitel I)

Vorteilsregel: Wird eine (meist die angreifende) Mannschaft durch eine Regelwidrigkeit behindert und bleibt dennoch in Ballbesitz (also im Vorteil), so braucht der Schiedsrichter diesen Verstoß nicht zu ahnden. Mit einem — gegen sie selbst gerichteten — Freistoß hätte die verteidigende Mannschaft ihr Ziel erreicht, den Spielfluß des Gegners zu stoppen und die eigene Abwehr in Ruhe zu organisieren. Die Qualität eines Fußballspiels wird von der korrekten Anwendung der Vorteilsregel maßgeblich beeinflußt.

III. Zeittafel zur Geschichte des Fußballspiels

Seit ca. 1300 (Fußball-)Spiele werden in Großbritannien als ein etwas rauher und damit zeitgemäßer, teilweise ritualisierter Volkssport nach ungeschriebenen überlieferten Regeln ausgetragen; zahlreiche lokale Unterschiede. Erfolglose Versuche, es durch königliche Dekrete zu verbieten. Man fürchtete um die öffentliche Ordnung und um die Vernachlässigung des Kriegshandwerks (Phase 1)[1]

1750—1840 Aufnahme des Fußballspiels in die public schools, entgegen der Gründungsintention eine Ausbildungsstätte der Ober- und oberen Mittelschicht. Erste Anzeichen spezifischer Sozial- und Autoritätsstrukturen im Spiel (Phase 2)

1840—1860 Verstärkung einer formalen Organisation. Schriftliche Fixierung der Regeln (Phase 3)

1863 Gründung der Football Association in England. Trennung von Fußball und Rugby

1866 Erste Änderung der Abseitsregel, nach der *jeder* Spieler *vor* dem Ball im Abseits stand (wie im Rugby)

1869 Verbot des schon vorher eingeschränkten Handspiels im Fußball; »Erfindung« des Torwarts, im bisherigen Spiel unbekannt

um 1885 Soziale und regionale Trennung des Rugbys in Großbritannien: als Amateursport der Mittelklassen im Süden, als Profisport der Arbeiterklasse im Norden.
Einführung des Professionalismus im englischen Fußballsport. 1883 besiegt zum erstenmal eine aus Arbeitern zusammengesetzte Mannschaft die Eton-Schüler im seit 1871 ausgetragenen cup final. Ein echter Kampf der Klassen; heute einer der Lokalrivalen und der Konfessionen (Schottland)

1893 Fußball wird in Großbritannien zum Massensport mit durchschnittlich 80 000 Zuschauern bei den Pokalendspielen (1885: 27 000, zuvor: 5 000). Grund: die soziale Herkunft der

---

1 Unentbehrliche Quellen für die Entwicklung des Fußballsports bilden die Arbeiten von Norbert Elias und Eric Dunning: *Folk Football in Medieval and Early Modern Britain* und Eric Dunning: *The Development of Modern Football*, in: Eric Dunning (ed.): *The Sociology of Sport*, London 1971. Das 4-Phasen-Schema stellt eine *idealtypische* Gliederung Dunnings dar.

Spieler ändert sich ebenso wie die der Zuschauer »Freizeit« und Bedürfnis nach Identifikation und Integration in den Industriestädten vor allem des Nordens). (Ende der Phase 4, die um 1850 begann)

1872   Einführung des Fußballspiels in Deutschland

1900   Gründung des Deutschen Fußball-Bundes (DFB) am 18. Januar in Leipzig.

1903   Einführung einer deutschen Fußballmeisterschaft. VfB Leipzig führender Verein.

1906   Gründung des internationalen Fußballweltverbandes: Fédération Internationale de Football Association (FIFA). Ihm gehören heute mehr als 140 Verbände an mit rund 20 Millionen Spielern.

1925   Zweite Änderung der Abseitsregel, nach der jeder Spieler im Abseits stand, der nicht drei Gegenspieler vor sich hatte (heute zwei).

1920—1929   Vorherrschaft des 1. FC Nürnberg und der SpVgg Fürth (Nürnberg mit Heiner Stuhlfauth, Hans Kalb und Carl Riegel).

1926—1931   Hertha BSC Berlin mit Hanne Sobek einer der führenden Vereine.

1933—1944   Dominanz des brillanten Kurzpaßspiels im Wechsel mit steilen Pässen (Schalker Kreisel). Führende Vereine neben Schalke 04 (mit Szepan, Kuzorra, Urban und Tibulski) der Dresdner SC mit Willibald Kress und Helmut Schön sowie Rapid Wien (Deutscher Meister 1941). Eine »großdeutsche« Mannschaft aus Deutschen und Österreichern scheitert, zunächst auf dem Spielfeld.

1930—1950   Italien und Uruguay siegen in den 1930 zum erstenmal ausgetragenen Weltmeisterschaften, an denen England erst seit 1950 teilnimmt.

1954   Erste im Fernsehen übertragene Weltmeisterschaft. Die zwischen 1951 und 1956 ungeschlagene ungarische Nationalmannschaft verliert ein einziges Spiel: mit 2:3 gegen die Elf der Bundesrepublik.

1958—1970   Vorherrschaft des brasilianischen Fußballs. Übernahme des 4-2-4-, später des 4-3-3-Systems durch die übrigen Länder.

1963   Einführung der Bundesliga und damit Legalisierung des Berufsfußballs in der Bundesrepublik.

1971 Aufdeckung des Bundesliga-Skandals.

1974 Fußballweltmeisterschaft in der Bundesrepublik. — Erste Deutsche Fußballmeisterschaft der Frauen in der BRD. — Einführung einer zweigeteilten Profi-Liga mit je 20 Mannschaften unterhalb der Bundesliga.

IV. Stichwortregister

Aggression 7, 71, 107, 132, 134, 140

Alter 40 f., 63, 109 f., 120

Arbeitersport 110, 155

Boxen 57, 59, 76, 139

Bundesliga
Meister der — 75
— Skandal 21, 35 ff., 87 f., 95
— Tabellen 76
Zweite — 35, 156

Einkommen 17, 28, 30, 33 f., 36, 51

Fernsehhonorare 81 f., 100 f.

Fernsehmoderatoren 93 ff., 103 f.

Fernsehwerbung 18, 47 f., 81, 86, 98 ff., 133 f.

Frauenfußfall 57

Funktionäre 35, 43 f., 80 f., 133

Fußballer des Jahres 75

Gewalt 61, 65, 71, 107 f., 117

Gewerkschaft 17, 20, 41

Handball 57, 59, 84

Identifikation 60 f., 69, 73, 85, 133, 135, 140

Internationalisierung 58 f.

Kleingruppenforschung 106 f.

Leistungsprinzip 38 f., 110, 138 ff.

Massen(-soziologie) 70 ff., 110, 115 ff.

Mitgliederzahlen 9, 56 ff.

Pokalsieger 75

Professionalisierung 9 f., 17 ff., 35, 58, 105

Radsport 80, 139

Ringen 46, 56, 59

Rugby 59, 96, 107, 155

Schiedsrichter 30 ff., 35, 68, 71, 140

Soccer 102

Soziale Schichtung 36, 58 ff., 63, 107 f., 155

Spielsysteme 21 ff., 153

Sportsoziologie 28, 109 ff., 115

Star 10 f., 13, 38, 60, 68 f., 79, 93, 152 f.

Stierkampf 76, 80, 136

Tennis 57, 59, 84

Trainer 28 ff., 105, 133, 140

Weltmeisterschaft
Geschichte der — 22 f., 121, 156
Kosten 1974 81 f.
Stadien 1974 90
Teilnehmer 1974 122

Zuschauerzahlen 63 f., 77, 79, 83, 155

Von Gerd Hortleder
erschienen im Suhrkamp Verlag

Das Gesellschaftsbild des Ingenieurs. Zum politischen Verhalten der Technischen Intelligenz in Deutschland. 1970. 16. Tsd. 1970, edition suhrkamp 394.

»Hortleders Buch ist eine materialreiche und anregende Studie zu einem Thema, das bisher leider von der Soziologie fast vollständig vernachlässigt worden ist.«

Iring Fetscher in der *Frankfurter Allgemeinen Zeitung*

Ingenieure in der Industriegesellschaft. 1973. edition suhrkamp 663.

Inhalt

A Der Ingenieur als Objekt von Interessen:
   Technik, technische Intelligenz und Revolution

B Die Interessen der Ingenieure
   I   Ingenieure im öffentlichen Dienst
   II   Ingenieure in der Industrie
   III Ingenieure in den USA und Frankreich

C Die Interessengruppen der Ingenieure
   I   Zur Struktur der Verbände
   II   Organisationsgrad, Ziele und Funktionen
   III Sechs Thesen zur Diskussion

D Marxismus, Technik und Ingenieurberuf:
   Sowjetunion und DDR

Henning Eichberg

Der Weg des Sports in die industrielle Zivilisation

Der moderne Sport entwickelt sich in auffälliger Paral-
lelität zum Aufstieg der industriellen Leistungsgesell-
schaft. Rationalität, Maß- und Rechenhaftigkeit, Techni-
sierung und Leistungsprinzip stehen einander in Sport
und Arbeitswelt gegenüber. Nachdem konservative Kulturkritiker und neuerdings neomarxistische Kritiker des
Spätkapitalismus auf diese Entsprechungen aufmerksam
gemacht haben, ist es an der Zeit, an historischem Mate-
rial dem Ursprung und Entwicklungsgang dieses Verhal-
tenssydroms nachzugehen. Wie vollzog sich der Wandel
von den traditionellen volkstümlichen und adelsmäßigen
Exerzitien der ständischen Gesellschaft zu den modernen
Formen von Sport, Turnen und Gymnastik? Unter diesem Aspekt wird der Sport zunächst in verschiedenen
Soziokulturellen Bezugssystemen kritisch befragt: Spiel,
biologische Funktionen, Kult, Schaugeschäft, Aggression,
Pädagogik, Nationalismus, Freizeit und Arbeit, Technik.
Die Studie mündet in eine Untersuchung über Sport als
Ausdruck eines Rationalisierungsprozesses und Sport als
Leistungsorientierung und damit in übergreifende Frage-
stellungen nach den Triebkräften des Kultur- und Ver-
haltenswandels in der Geschichte.

Band 6 Planen
Studien und Materialien zur wirtschafts- und sozialwis-
senschaftlichen Beratung
Herausgegeben von Prof. Dr. Albrecht Kruse-Rodenacker
und Prof. Dr. Rolf E. Vente
1973, 172 Seiten, 15,3 x 22,7 cm, kartoniert, 32,70 DM

Nomos Verlagsgesellschaft
7570 Baden-Baden · Postfach 610

st 131 Ödön von Horváth, Der ewige Spießer. Roman
144 Seiten
Horváth selbst hat diesen seinen ersten 1930 erschienenen
Roman einen »Beitrag zur Biologie des werdenden Spie-
ßers« genannt. Der ewige Spießer hat so viele Gesichter
wie die Gesellschaft Hintertüren bereithält. An diesen
Hintertüren hat sich Horváth zur Beobachtung aufgestellt
und belauscht seinen Helden in dem Moment, in dem
er sich am sichersten fühlt.

st 132 Werner Koch, See-Leben I
128 Seiten
See-Leben I ist der Versuch, ein utopisches Leben so
darzustellen, als sei es die alltäglichste Realität. Der
Mann, der *See-Leben I* erzählt, ist angestellt bei einer
Kölner Firma. Nach seinem Urlaub weigert er sich, in
die Firma zurückzukehren; er stellt sein Büro am See
auf. Funktioniert das? Man wird sehen. »Dieses schlanke
Buch von Werner Koch ist listig, tückisch, scheinbar mit
der sogenannten leichten Hand geschrieben und hat doch
einen merkwürdigen melancholischen Tief- und Schwer-
gang.« *Heinrich Böll*

st 133 Hans Erich Nossack, Der jüngere Bruder. Roman
Erweiterte Ausgabe. Mit einem Nachwort von Christof
Schmid
336 Seiten
Der Ingenieur Stefan Schneider kehrt nach einem lang-
jährigen Exil in unwegsamen Gegenden Brasiliens nach

Hamburg zurück. Er findet ein Deutschland vor, das zwar noch die Spuren der Zerstörung des Zweiten Weltkriegs trägt, im übrigen aber weiterlebt, als sei nichts geschehen. Schneiders Frau war während des Krieges auf merkwürdige Weise gestorben. Bei der Aufklärung ihres Todes stößt Schneider auf das Geheimnis eines jungen Mannes, der auf alle, die ihm begegneten, eine ungewöhnliche Wirkung ausübte. – Die Taschenbuchausgabe dieses großen Romans ist um die Kapitel *Der Gast, Im Atelier, Der Brief* erweitert. Christof Schmid geht in seinem Nachwort auf die Entstehungsgeschichte des Romans und seine Stellung im Gesamtwerk Nossacks ein.

st 134 Theodor W. Adorno, Zur Dialektik des Engagements
Aufsätze zur Literatur des 20. Jahrhunderts II
208 Seiten
Während der erste Band der *Aufsätze zur Literatur des 20. Jahrhunderts* (st 72) Adornos Auseinandersetzungen mit dem sogenannten Absurdismus dokumentierte, so sammelt der zweite Band Aufsätze zu politischen Aspekten der heutigen Literatur. Auf die programmatische Auseinandersetzung mit Sartre und seiner Konzeption einer engagierten Literatur folgt die Beschäftigung mit Valéry, gewissermaßen dem Gegenbild des »engagierten« Schriftstellers, mit der ästhetizistischen Utopie von Stefan George und Hugo von Hofmannsthal, mit der Lyrik von Rudolf Borchardt, mit dem Werk von Thomas Mann, mit dem Utopisten Aldous Huxley. Der Band schließt mit dem berühmten offenen Brief an Rolf Hochhuth.

st 135 Wer ist das eigentlich – Gott?
Essays
Herausgegeben von Hans Jürgen Schultz
304 Seiten
Die Frage »Wer ist das eigentlich – Gott?« stammt von Kurt Tucholsky. Nicht ironisch oder polemisch wird sie heute formuliert, sondern neugierig und interessiert. Die Beiträge dieses Buches wollen von verschiedenen Gesichtspunkten aus und unter Beteiligung zahlreicher namhafter Autoren eine Antwort geben.

st 136 H. C. Artmann, How much, schatzi?
176 Seiten
Artmann – ein Name als Programm. Artistisches und
Artifizielles sind Merkmale seines Werkes. H. C. Artmann ist Sprachfex und Lustspieler, Jargon-Jongleur und
Reim-Rastelli, ein Tausendsassa der Literatur. Er kann
Worte verwandeln – und sich selbst. »Fast jedes Wort,
jede Wendung tritt wie eine geballte Ladung auf, deren
Donner auf die Dauer taub machen würde, wenn nicht
eben das Interesse an der Handlung die Lektüre weiter-
treiben würde.«   *Wolfgang Maier*

st 137 Zivilmacht Europa – Supermacht oder Partner?
Herausgegeben von Max Kohnstamm und Wolfgang Ha-
ger. Deutsch von Ruprecht Paqué
384 Seiten
Das Brüsseler Institut der Europäischen Gemeinschaft für
Hochschulstudien versucht, mit diesem Band einen Über-
blick über die wichtigsten außenpolitischen Probleme zu
geben, denen sich die jetzt neun Mitglieder der Europäischen Gemeinschaft gegenübersehen.

st 138 Paul Goma, Ostinato. Roman
Aus dem Rumänischen von Marie Thérèse Kersch-
baumer
496 Seiten
»Weltliterarisches Lebenszeichen aus Rumänien: Ein Roman aus Rumänien, der zu Hause nicht erscheinen darf.
Ein rumänischer Solschenizyn, jedoch auch eine Literatur, die über die realistischen Schilderungen des Nobel-
preisträgers hinausgeht und die Erfahrungen jener Zeit
zum geistigen Vehikel macht, um die seelische Kata-
strophe der fünfziger Jahre genauer zu bestimmen. Zen-
tralere Bewußtseinsdaten individueller und kollektiver
Erfahrung sind beim Rumänen nachzulesen. Das natio-
nale Trauma der Stalin-Jahre verwandelt sich nun zum
erstenmal literarisch befreit zur besten inneren Darstellung jener Epoche.«   *Dieter Schlesak*

st 139 Hannes Alfvén, Atome, Mensch und Universum
Aus dem Amerikanischen von Jens Peter Kaufmann
128 Seiten
Der Leser, gerade jener Leser mit wenigen oder gar
keinen Kenntnissen in den Naturwissenschaften, findet

hier eine ausgezeichnete und fundierte erste Einführung in Entwicklung, Probleme und Argumentation naturwissenschaftlichen Denkens.

st 140 Françoise Dolto, Der Fall Dominique. Bericht einer Kinderanalyse
Aus dem Französischen von Eva Moldenhauer
288 Seiten
Wir haben es hier mit dem ganz seltenen Glücksfall des lückenlosen Berichts einer gelungenen Kinderanalyse zu tun. Dieser Bericht der berühmten Kinderanalytikerin läßt uns den erregenden Behandlungsprozeß miterleben, in dem ein vierzehnjähriger Junge, der wie ein Schlafwandler in einer völlig irrealen Welt lebt, allmählich die Realität zu akzeptieren lernt und ein wirklichkeitsgemäßes Verhältnis zu seiner Umwelt findet.

st 141 Frederic Ewen, Bertolt Brecht. Sein Leben, sein Werk, seine Zeit
Deutsch von Hans-Peter Baum und Klaus-Dietrich Petersen
528 Seiten
Vor dem zeitgeschichtlichen Hintergrund von zwei Weltkriegen, der Revolution in Rußland und China und dem Aufstieg und Fall des Nationalsozialismus werden Brechts bedeutendere Werke interpretiert. Die umfassende Darstellung basiert auf Quellen des Bertolt Brecht-Archivs in Ost-Berlin und beruht zum nicht geringen Maß auf Gesprächen mit Freunden und Mitarbeitern sowie auf persönlichen Studien des *Berliner Ensembles* bei den Proben und Aufführungen.

st 142 Magda Szabó, I. Moses 22. Roman
Aus dem Ungarischen von Henriette Schade und Géza Engl
224 Seiten
Magda Szabó hat dem Verhältnis zwischen den Generationen in ihrem Buch die Unmittelbarkeit der gelebten Wirklichkeit gegeben: in Ungarn, im Budapest des Jahres 1966. Die Gáls, Apothekenbesitzer, nach dem Krieg enteignet, gehören jetzt zu den »Gezeichneten«. Die Bartos, ehemals biedere Handwerker, haben jetzt ein Dienstauto, sie sind Stützen der Gesellschaft geworden. Für die Kinder beider macht das keinen Unterschied.

Über die Köpfe der Eltern hinweg sind sie Freunde
geworden; sie haben dasselbe Problem: gegängelt und
doch sich selbst überlassen neben den Eltern zu leben.
Die Welt der Eltern ist ihnen gleichgültig geworden,
eine Scheinwelt, die sie nicht mehr betrifft, ja, mit der
auseinanderzusetzen sich kaum lohnt.

st 143   Hermann Hesse
Eine Werkgeschichte von Siegfried Unseld
320 Seiten
Der Band enthält den Vortrag *Hermann Hesse heute,* in
dem Siegfried Unseld versucht, die heutige Wirkung Hesses bei jungen Menschen zu erklären und den Standort
der Werke Hesses neu zu bestimmen. Die *Werkgeschichte*
ist eine überarbeitete, auf den neuesten Stand gebrachte
Biobibliographie des Lebens und Werkes von Hermann
Hesse. Eine knappe Bibliographie verzeichnet die wichtigsten älteren und neueren Schriften über Hesse.

st 144   Ernst Bloch, Atheismus im Christentum
Zur Religion des Exodus und des Reichs
320 Seiten
Atheisten, nicht an Gott und Kaiser Glaubende, wurden
erstmals die Urchristen Roms von Nero genannt, und das
gibt dem Atheismus auch heute eine andere Dimension:
eine so kräftig unzufriedene, offene, bei aller Negation
so wenig nihilistische oder gar banale Dimension, daß,
wie Bloch sagt, endlich unser bester Teil, nämlich mora-
lischer Lebensmut, Transzendieren ohne Tanszendenz, als
Menscheneinsatz in ein früher nur geglaubtes Jenseits
Platz hat. Ein ungeahntes Licht entspringt hier aus Bibel-
kritik, aus unterdrücktem oder verfälschtem Religionstext:
Das Beste an der Religion ist, daß sie Ketzer schafft.

st 145   Der Friede und die Unruhestifter.
Herausforderungen deutschsprachiger Schriftsteller
im 20. Jahrhundert
Herausgegeben von Hans Jürgen Schultz
368 Seiten
Dargestellt werden die Friedensvorstellungen der Klassi-
ker der deutschen Literatur dieses Jahrhunderts: Brecht,
Broch, Hesse, Kafka, Thomas Mann, Heinrich Mann, wie
auch jene heutiger Schriftsteller: Böll, Dürrenmatt, Frisch,
Grass, Peter Huchel und Peter Weiss.

st 146 Peter Handke, Wunschloses Unglück
112 Seiten
»Kein Urteil, kein literarisches Denkmal für eine Mutter, kein abgeschlossenes Bild, nach dessen Beendigung der Autor und mit ihm der Leser befreit aufatmen könnte, sondern die Beschreibung einer grausigen offenen Wunde.«
Helmut Scheffel

st 147 Uwe Johnson, Mutmassungen über Jakob. Roman
320 Seiten
»Gleich mit seinem ersten Roman *Mutmassungen über Jakob* ist Johnson zum Dichter der beiden Deutschland geworden.«
Günter Blöcker

st 148 Helmuth Plessner, Diesseits der Utopie. Ausgewählte Beiträge zur Kultursoziologie
256 Seiten
»Die hier gesammelten Arbeiten haben bei aller Verschiedenheit im Anlaß eine gemeinsame Thematik, die mit dem Wort Kultursoziologie am besten gefaßt wird. Wenn ihr Titel zum Ausdruck bringt, daß sie keiner Utopie verpflichtet sind, keiner Eschatologie und keinem sozialen Leitbild, so heißt das, daß sich die Freiheit des Blickes bewahren wollen und nicht ein interesseloses Wohlgefallen an jedem beliebigen sozialen Unding.«
Helmuth Plessner

st 149 Ernst Wendt, Moderne Dramaturgie. Fünf Doppelporträts. Bond-Genet. Beckett-Heiner Müller. Ionesco-Handke. Pinter-Kroetz. Weiss-Gatti.
176 Seiten
Ernst Wendt hat in fünf Doppelporträts jeweils zwei moderne Dramatiker mit ihren Schlüsselfiguren und Hauptmotiven einander gegenübergestellt. Also keine Einordnung der Autoren in die geläufigen Kategorien »absurdes Theater«, »dokumentarisches Theater«, »episches Theater«, sondern eine Dramaturgie der Kontraste und Gegensätze. Das Buch ist eine ausgezeichnete Lese- und Interpretationshilfe für Schüler, Lehrer, Theaterbesucher und alle, die sich Zugang zum modernen Theater und damit zu einem tieferen Verständnis ihrer Zeit verschaffen wollen.

st 150 Zur Aktualität Walter Benjamins
Aus Anlaß des 80. Geburtstags von Walter Benjamin
herausgegeben von Siegfried Unseld
288 Seiten
Der vorliegende Band »Zur Aktualität Walter Benjamins« nimmt wichtige, hier erstmals publizierte Ab-
handlungen auf, die aus diesem Anlaß geschrieben worden sind, und Texte von Walter Benjamin, seine »Lehre
vom Ähnlichen«, eine umfangreiche Variante der Arbeit
»Über das mimetische Vermögen«, den autobiographisch
bedeutenden Text »Agesilaus Santander«, den Briefwechsel
mit Bertolt Brecht und drei Lebensläufe, deren letzter
kurz vor seinem Tod geschrieben wurde.

st 151 Hermann Broch
Barbara und andere Novellen
384 Seiten
Dieser Band legt eine Sammlung von 13 Novellen vor,
die besten aus Brochs Gesamtwerk. Die früheste, *Eine
methodologische Novelle,* wurde 1917 geschrieben, die
späteste, *Die Erzählung der Magd Zerline,* 1949. Die
Besonderheit dieser Sammlung besteht in der erstmaligen
Präsentation aller vorhandenen Tierkreisnovellen in ihrer
Ursprungsfassung.

st 152 Peter Jakir, Kindheit in Gefangenschaft. Herausgegeben und aus dem Russischen übersetzt von Heddy
Pross-Weerth
208 Seiten
»Eine nüchterne, beinahe gefühllos wirkende Beschreibung von ›unerhörten Begebenheiten‹, die in der ansehn-
lichen Literatur über die Stalinschen ›Säuberungen‹ und
über sibirische Lager ihresgleichen sucht, ein irrsinnig
anmutendes Karussell von Verhören, Folterungen, Flucht-
versuchen, Hungerstreiks, Krankheiten, Entbehrungen,
von Bosheiten und Perversitäten.«   Karl-Heinz Janßen

st 153, st 154 Siegfried Melchinger, Geschichte des politischen Theaters
Bd. 1 272 Seiten, Bd. 2 240 Seiten
Zum erstenmal wird hier ein Durchgang durch die Welt-
theatergeschichte unter einem Aspekt unternommen, den
kaum eine Zeit so wichtig genommen hat wie die unsrige:
Theater und Politik. In diesem Buch zeichnet sich eine

ganze Theatergeschichte ab. Behandelt werden nur Stücke, die heute noch gespielt werden. Jedes Stück wird in die politische Gegenwart hineingestellt, in der und für die es geschrieben worden ist. Bei jedem Stück wird die Frage aufgeworfen, was an ihm ist, daß es heute noch gespielt wird.

st 155 Jeannette Lander, Ein Sommer in der Woche der Itke K. 272 Seiten
Der Roman stellt die Hintergründe der Rassenkämpfe in den USA der vierziger Jahre im Milieu polnisch-jüdischer Emigranten im Negerviertel von Atlanta lebendig dar. Der Ernst der Probleme ist immer sichtbar und gegenwärtig, auch in den komischsten und humorvollsten Szenen.

st 158 Arthur Koestler, Der Yogi und der Kommissar. Auseinandersetzungen
Aus dem Englischen übertragen von Friedrich Klumpp 288 Seiten
Mit seinem weltberühmten Roman *Sonnenfinsternis* entlarvte Koestler den Mechanismus der Stalinschen Kommunistenverfolgung. In seinem Essayband *Der Yogi und der Kommissar* geht es ihm um die Synthese des Heiligen und des Revolutionärs. Beide repräsentierten extrem entgegengesetzte Einstellungen, Verhaltensweisen gegenüber der Welt. Die Suche nach dieser Synthese ist für Arthur Koestler nach einer bewegten politischen Vergangenheit die Richtschnur für seine Auseinandersetzung mit der Zeit.

st 159 Martin Walser, Das Einhorn. Roman
400 Seiten
»*Das Einhorn* ist ein köstliches Werk, das zu denken gibt, aus dem man immer noch schöpft, über dem man ins Träumen gerät. Minuziös, unermüdlich, hartnäckig legt es Schichten frei, von denen das menschliche Gewissen nichts wußte. ... Sein Vorhaben ist umfassender: es ist ein Infragestellen des kulturellen Verbrauchs in einem Wohlstandsland, in einer Hemisphäre, die mit Produkten und Abfallprodukten einer billigen und weit verbreiteten sozialen Ethik überfüllt ist. Es ist aber auch eine Suche mit Nuancen von Wärme und Zärtlichkeit, eine Suche im Innersten des Menschen, denn der Autor schneidet nicht ins bloße Fleisch.« *Rémi Laureillard*

st 161 Hermann Hesse, Peter Camenzind
Erzählung
160 Seiten

Hesses erste, 1902/03 geschriebene Erzählung *Peter Camenzind* machte ihren Autor mit einem Schlag berühmt. Dieser in unmittelbarer Nachfolge von Gottfried Kellers *Der grüne Heinrich* stehende »Erziehungsroman« hat mit seinen erfrischenden, allem Pathetischen abholden Naturschilderungen bis heute nichts an Charme, Farbe und Frische verloren.

st 162 Theodore Lidz, Das menschliche Leben.
Die Entwicklung der Persönlichkeit im Lebenszyklus
Aus dem Amerikanischen von Ludwig Haesler
2 Bände. Band 1 432 Seiten, Band 2 384 Seiten

Dieses Buch von Theodore Lidz stellt in gemeinverständlicher, aber nicht simplifizierender Form dar, was psychoanalytisch orientierte Anthropologie und Ich-Psychologie in den letzten Jahrzehnten von Freud über Sullivan, Erikson und Piaget bis zu Lidz selbst ermittelt haben über die Entwicklung der Persönlichkeit, über den spezifischen Lebenszyklus, den man von der Geburt bis zum Tode durchläuft, über die Bedingungen seelischer Gesundheit und Störung.

st 168 Peter Handke, Die Unvernünftigen sterben aus
112 Seiten

Peter Handkes neues Stück ist eine Studie über Unternehmer. Über die Automatismen ihrer Sprache und ihrer Gesten, über ihre Macht und ein Stück über die Funktionsmechanismen der Marktwirtschaft und das nahezu perfekte Rollenspiel derer, die sie steuern. Ein Stück über die Fremdbestimmtheit auch der Herrschenden.

st 169 Uwe Johnson, Das dritte Buch über Achim.
Roman
304 Seiten

Der Journalist Karsch fährt durch die DDR, um den Lebenslauf des gefeierten Radsportlers Achim T. zu beschreiben. Was die Beschreibung des wahren Lebensbildes des Rennfahrers Achim T. unmöglich macht, ist nichts anderes als die Grenze selbst, die Ost und West trennt. »Herr Johnson, dessen Prosa Schlagworte, Umgangssprache, Schlageridiom und Jargon aller Arten frei ausbeutet, hat einen großen ironischen Roman über ein eigentlich tragisches Thema geschrieben.«

The Times Literary Supplement

st 201 Bertolt Brecht, Frühe Stücke
224 Seiten.
Baal. Trommeln in der Nacht. Im Dickicht der Städte.
Brechts Entwicklung zur großen epischen Dramatik, zum
»wissenschaftlichen Theater« ist erst aus der Kenntnis
seiner Jugendwerke, in denen schon wesentliche Themen
seiner Welt vorgezeichnet sind, richtig zu verstehen. Alle
Stücke »zeigen ohne Bedauern, wie die große Sintflut
über die bürgerliche Welt hereinbricht . . .«

Bertolt Brecht

st 203 Hans Werner Riedel, Die Kontrolle des Luftverkehrs. Flugsicherung und Fluglotsen
Mit zahlreichen Abbildungen
208 Seiten
Die Kontrolle des Luftverkehrs, die Flugsicherung, ist ein
Detail in der Welt der Technologie. Was sich dort wirklich abspielt, welche Mittel und Leistungen eingesetzt werden, welchen Schwierigkeiten der Fluglotse in einem
Mensch-Maschine-System ausgesetzt ist, darauf versucht
dieses Taschenbuch eine Antwort zu geben.

st 204 Karl Kraus, Magie der Sprache. Ein Lesebuch
Herausgegeben und mit einem Nachwort
von Heinrich Fischer
368 Seiten
Für dieses Buch, das ein lebendiges Lesebuch und keine
akademische Anthologie ist, hat der Herausgeber aus
mehr als 30 Büchern und über 900 Nummern der *Fackel*
einen Extrakt geschaffen, der die zeitlose Wortgewalt,
die polemische Kraft, aber auch das Heitere, Wortspie-
lerische, das Zarte dieses Sprachkünstlers und Dichters
vergegenwärtigt.

st 205 Max Frisch, Dienstbüchlein
176 Seiten
Das *Dienstbüchlein* enthält Frischs Erinnerungen an
seine Schweizer Militärzeit von 1939 bis 1945. »Ich bin
ungern Soldat gewesen. Immerhin sind Erfahrungen
nicht abzugeben mit der Uniform, Erfahrungen mit unserem Land, mit sich selbst.« An diese Erfahrungen erinnert sich Frisch heute, an die Tage in Uniform, an
650 Militärtage ohne Arrest. »Indem ich mich heute er-
innere, wie es damals so war, sehe ich es natürlich
nach meiner Denkart heute. Ich wundere mich, wieviel
man hat erfahren können, ohne es zu sehen.«

Alphabetisches Gesamtverzeichnis der suhrkamp taschenbücher

Achternbusch, Alexander-
schlacht 61
Adorno, Erziehung zur
Mündigkeit 11
– Studien zum autoritären
Charakter 107
– Versuch, das ›Endspiel‹ zu
verstehen 72
– Zur Dialektik des Engage-
ments 134
Aitmatow, Der weiße Dampfer
51
Alfvén, M 70 – Die Menschheit
der siebziger Jahre 34
– Atome, Mensch und
Universum 139
Allerleirauh 19
Alsheimer, Vietnamesische
Lehrjahre 73
Artmann, Grünverschlossene
Botschaft 82
– How much, schatzi? 136
von Baeyer, Angst 118
Bahlow, Deutsches Namen-
lexikon 65
Becker, Eine Zeit ohne
Wörter 20
Beckett, Warten auf Godot
(dreisprachig) 1
– Watt 46
Materialien zu Becketts »Godot«
104
Benjamin, Über Haschisch 21
– Ursprung des deutschen
Trauerspiels 69
Bernhard, Das Kalkwerk 128
– Frost 47
– Gehen 5
Bilz, Neue Verhaltensforschung:
Aggression 68
Blackwood, Das leere Haus 30
Bloch, Naturrecht und mensch-
liche Würde 49
– Subjekt–Objekt 12

– Vorlesungen zur Philosophie
der Renaissance 75
– Atheismus im Christentum 144
Brecht, Geschichten vom Herrn
Keuner 16
Bertolt Brechts Dreigroschen-
buch 87
Bond, Die See 160
– Frühe Stücke 201
Broch, Barbara 151
Broszat, 200 Jahre deutsche
Polenpolitik 74
Buono, Zur Prosa Brechts.
Aufsätze 88
Butor, Paris–Rom oder Die
Modifikation 89
Chomsky, Indochina und die
amerikanische Krise 32
– Kambodscha Laos Nord-
vietnam 103
– Über Erkenntnis und Freiheit
91
Der andere Hölderlin. Materia-
lien zum »Hölderlin«-Stück
von Peter Weiss 42
Der Friede und die Unruhe-
stifter 145
Dotto, Der Fall Dominique 140
Döring, Perspektiven einer
Architektur 109
Duddington, Baupläne der
Pflanzen 45
Duras, Hiroshima mon amour
112
Eich, Fünfzehn Hörspiele 120
Enzensberger, Gedichte 1955–
1970 4
Ewald, Innere Medizin in Stich-
worten I 97
– Innere Medizin in Stich-
worten II 98
Ewen, Bertolt Brecht 141
Fallada/Dorst, Kleiner Mann –
was nun? 127

Freisprüche. Revolutionäre vor Gericht 111
Frisch, Stiller 105
– Stücke 1 70
– Stücke 2 81
– Wilhelm Tell für die Schule 2
Fromm/Suzuki/de Martino, Zen-Buddhismus und Psychoanalyse 37
Fuchs, Todesbilder in der modernen Gesellschaft 102
Goma, Ostinato 138
Grossmann, Ossietzky. Ein deutscher Patriot 83
Habermas, Theorie und Praxis 9
– Kultur und Kritik 125
Hammel, Unsere Zukunft – die Stadt 59
Handke, Chronik der laufenden Ereignisse 3
– Die Angst des Tormanns beim Elfmeter 27
– Ich bin ein Bewohner des Elfenbeinturms 56
– Stücke 1 43
– Stücke 2 101
– Wunschloses Unglück 146
– Die Unvernünftigen sterben aus 168
Henle, Der neue Nahe Osten 24
Hesse, Glasperlenspiel 79
– Klein und Wagner 116
– Kunst des Müßiggangs 100
– Lektüre für Minuten 7
– Unterm Rad 52
– Peter Camenzind 161
Materialien zu Hesses »Glasperlenspiel« 80
Materialien zu Hesses »Steppenwolf« 53
– Eine Werkgeschichte von Siegfried Unseld 143
Hobsbawm, Die Banditen 66
Horváth, Der ewige Spießer 131
– Ein Kind unserer Zeit 99
– Jugend ohne Gott 17
– Leben und Werk in Dokumenten und Bildern 67
Hudelot, Der Lange Marsch 54

Jakir, Kindheit in Gefangenschaft
Johnson, Mutmaßungen über Jakob 147
– Das dritte Buch über Achim 169
Kästner, Offener Brief an die Königin von Griechenland. Beschreibungen, Bewunderungen 106
Kaschnitz, Steht noch dahin 57
Katharina II. in ihren Memoiren 25
Koch, See-Leben I 132
Koeppen, Das Treibhaus 78
– Nach Rußland und anderswohin 115
– Romanisches Café 71
Kracauer, Die Angestellten 13
– Kino 126
Krolow, Ein Gedicht entsteht 95
Kühn, N 93
Lagercrantz, China-Report 8
Lander, Ein Sommer in der Woche der Itke K. 155
Lepenies, Melancholie und Gesellschaft 63
Lévi-Strauss, Rasse und Geschichte 62
– Strukturale Anthropologie 15
Lovecraft, Cthulhu 29
Malson, Die wilden Kinder 55
Mayer, Georg Büchner und seine Zeit 58
Melchinger, Geschichte des politischen Theaters 153, 154
Minder, Dichter in der Gesellschaft 33
Mitscherlich, Massenpsychologie ohne Ressentiment 76
– Thesen zur Stadt der Zukunft 10
Myrdal, Politisches Manifest 40
Norén, Die Bienenväter 117
Nossack, Spirale 50
– Der jüngere Bruder 133
Nossal, Antikörper und Immunität 44
Olvedi, LSD-Report 38

Plessner, Diesseits der
  Utopie 148
Portmann, Biologie und Geist
  124
Reiwald, Die Gesellschaft und
  ihre Verbrecher 130
Riedel, Die Kontrolle des
  Luftverkehrs 203
Riesman, Wohlstand wofür? 113
– Wohlstand für wen? 114
Russell, Autobiographie I 22
– Autobiographie II 84
Shaw, Die Aussichten des
  Christentums 18
– Der Sozialismus und die
  Natur des Menschen 121
Simpson, Biologie und Mensch
  36
Sperr, Bayrische Trilogie 28
Steiner, In Blaubarts Burg 77
– Sprache und Schweigen 123
Szabó, I. Moses 22 142
Terkel, Der Große Krach 23
Unterbrochene Schulstunde.
  Schriftsteller und Schule 48

Walser, Gesammelte Stücke 6
– Halbzeit 94
Wie, warum und zu welchem
  Ende wurde ich Literatur-
  historiker? 60
Weiss, Das Duell 41
– Rekonvaleszenz 31
Materialien zu Weiss'
  »Hölderlin« 42
Wer ist das eigentlich – Gott?
  135
Wendt, Moderne Dramaturgie
  149
Werner, Wortelemente lat.-
  griech. Fachausdrücke in den
  biologischen Wissenschaften 64
Werner, Vom Waisenhaus ins
  Zuchthaus 35
Wittgenstein, Philosophische
  Untersuchungen 14
Wolf, Punkt ist Punkt 122
Zivilmacht Europa – Supermacht
  oder Partner? 137
Zur Aktualität Walter Benjamins
  150